Sus testimonios, MI PORCIÓN

DEVOCIONALES PARA MUJERES DE TODO EL MUNDO

«Si lo único que tenemos en común es el evangelio, es suficiente. Si la Palabra de Dios es la única porción que compartimos, eso nos alcanza. ¡Qué liberadora es esa verdad! De eso se trata este libro. Me encantó la manera en que estas preciosas mujeres, de diferentes naciones y trasfondos, ponen en alto con fidelidad y belleza aquello que perdurará y nos unirá para siempre: la Palabra de Dios».

BETSY GOMEZ, oradora; bloguera; directora de medios, Aviva Nuestros Corazones (ministerio hispano de Revive Our Hearts)

«Esta recopilación de voces llega en el momento justo. Necesito escuchar la exhortación y la exposición de la Palabra de Dios por parte de mis hermanas de color. Gracias, Kristie Anyabwile, por curar una meditación hermosa y necesaria del Salmo 119».

LAUREN CHANDLER, compositora; líder de alabanza; autora, Steadfast Love [Amor inalterable] y Adiós a los adioses

«*Sus testimonios, mi porción* es un libro edificante. Las ensayistas de esta colección tienen en común dos cosas: son mujeres de color y escriben impulsadas por una experiencia profunda y conmovedora de someterse con gozo a la autoridad de la santa Escritura».

D. A. CARSON, presidente, The Gospel Coalition

«Con una meticulosa atención a los detalles, Dios creó una raza humana diversa. Tomó en cuenta una amplia gama de variables para incluir raza, género y cultura. Estas diferencias no deben ignorarse ni pasarse por alto al leer la Escritura; es necesario reconocerlas y celebrarlas. Este libro proporciona un lente a través del cual podemos ver las experiencias de mujeres cristianas de color en su relación con Dios. Capta y eleva de manera exquisita relatos sumamente necesarios para las mujeres de color y para todo el cuerpo de Cristo».

KIA STEPHENS, fundadora, The Father Swap Blog

«Leer este salmo a través de los ojos de estas hermanas es algo hermoso y te ayudará a ver cosas en la Santa Biblia que probablemente nunca antes percibiste. ¡*Sus testimonios, mi porción* no se parece a ningún otro devocional sobre los Salmos!».

J. D. GREEAR, presidente, Convención Bautista del Sur

«¡Qué elenco tan fantástico! Las escritoras de este libro son mujeres maravillosas a las que respeto profundamente y voces que anhelo escuchar y permitir que me edifiquen. En nuestra parte de la viña, es raro escuchar y aceptar edificación proveniente de mujeres ¡porque nuestras preferencias teológicas han marginalizado sus voces! Sin embargo, ¡este libro es un lugar clave para que el cuerpo de Cristo (en particular, los hombres) sea bombardeado por un círculo de mujeres que aman a Jesús, tienen solidez bíblica y ofrecen un vasto depósito de riquezas del evangelio! El paisaje étnico y empírico excelente dentro de este libro añade a la riqueza que obtendrás al participar de esta maravillosa obra».

ERIC M. MASON, pastor principal, Epiphany Fellowship Church,
Filadelfia, PA; autor, Woke Church [La iglesia que despierta]

«Esta es una celebración de la buena noticia del evangelio y de la Palabra de Dios que nos la revela. Cada preciosa lectura devocional está escrita por una hermana de color que le otorga una voz única a la historia que Dios ha escrito en y a través de ella para la edificación de la iglesia. Doy gracias por esta recopilación tan especial y oportuna».

RUTH CHOU SIMONS, artista; autora,
GraceLaced [Entretejida en gracia] y Beholding and Becoming
[Contemplar y transformar]; fundadora, GraceLaced.com

«Una mirada hermosa y alentadora al Salmo 119. A través de un coro de voces y estilos únicos, las páginas de este libro te animarán a alcanzar una comprensión más profunda de este pasaje y un mayor amor por Dios y por Su Palabra».

LAURA WIFLER, cofundadora, Risen Motherhood; coautora,
Maternidad redimida: La esperanza del evangelio para
momentos cotidianos

«Estas autoras sabias y sinceras te llevarán por sus propias travesías, te instruirán en la Escritura y te arraigarán en el evangelio transformador de Cristo. Este libro te llevará a amar la Palabra de Dios con un gozo y una dependencia renovados y, te guiará a un nuevo deseo de confiar y obedecer. Se lo regalaría a cualquier mujer que necesite meditar en la Palabra de Dios… y eso nos incluye a todas».

TAYLOR TURKINGTON,
directora de la Red de Capacitación
de Mujeres para The Gospel Coalition

«Una rica compilación de voces sabias y talentosas. Este recordatorio oportuno de la provisión bondadosa y misericordiosa de Dios para Su pueblo a través de Su Palabra ha sido un refrigerio para mi alma. Hacía tiempo que no leía un libro que enfatizara tanto la suficiencia y la relevancia de la Escritura en los problemas de hoy».

KATE MOTAUNG, autora, A Place to Land:
A Story of Longing and Belonging [Un lugar donde aterrizar:
una historia de anhelo y pertenencia];
coautora, Influence [Influencia]

«Se han escrito poemas, sonetos y canciones emocionantes sobre las maravillas de la creación de Dios. ¡Cuánto más emocionantes son estas reflexiones sobre la Palabra incomparable de Dios! Este libro te ayudará a ver lo que ven los ojos nuevos y a sentir lo que sienten los corazones nuevos cuando meditan en la Palabra única y vivificante de Dios».

GLORIA FURMAN, autora, Madres con una misión
y Labor with Hope [Esfuérzate con esperanza]

«Dios conoce tu nombre. Dios escribió tu historia. Dios te invita a transitar tu camino como heredera al buscarlo con afán. Las hermosas reflexiones devocionales de *Sus testimonios, mi porción* se concentran justamente en esto. Escritas por algunas de las mujeres de fe más relevantes del mundo, esta recopilación te invita a ser una mejor versión de ti misma al conocer todo de Dios. En tiempos como este, es una travesía que vale la pena… descubrir tu vida al redescubrir la gloria de la Suya».

PATRICIA RAYBON, autora, My First White Friend
[Mi primer amigo blanco] y One Year God's Great Blessings
Devotional [Devocional anual de las
grandes bendiciones de Dios]

«Hacer un estudio bíblico juntos en comunidad tiene una belleza indescriptible. Este libro es un buen ejemplo. Estas mujeres, algunas de las cristianas más brillantes de hoy, nos bendicen con un libro lleno de discernimiento, reflexión y conversación. Este libro te ayudará a leer mejor tu Biblia y a amar a nuestro Dios con todo el corazón».

RUSSELL MOORE, presidente,
Comisión de Ética y Libertad Religiosa de la Convención
Bautista del Sur

«La verdad de la Escritura trasciende la cultura, el tiempo, el género y el lugar, pero demasiadas veces escuchamos estas verdades expuestas por la voz de una mayoría. Este volumen nos presenta a diversas mujeres de color que honran tanto la verdad eterna y duradera como la belleza de sus propias historias, culturas y etnias. Este libro amplifica las voces necesarias de la sabiduría, la calidez, el valor y la convicción. La iglesia necesita profundamente estas voces, y haríamos bien en escucharlas».

TISH HARRISON WARREN, autora,
Liturgy of the Ordinary [La liturgia de lo cotidiano]

«Una meditación maravillosa y llena del Espíritu sobre el Salmo 119 para mujeres de todos los ámbitos de la vida. Todas las voces distintas se unen en armonía para entonar una dulce canción de ánimo para el creyente y alabar a nuestro Dios».

JOANNA MATHEW, Covenant Hope Church, UAE;
Fellowship of Christian UAE Students (FOCUS)

«Muchas de las autoras de estos devocionales expositivos sobre el Salmo 119 son estimadas amigas y colegas, así que abrí este libro con anticipación y expectativa. No me desilusionó. Escuchar las voces de estas mujeres me dio una perspectiva fresca que me ayudará a pastorear y predicar. Me abrió una ventana a la Palabra y al corazón, la vida y el mundo de estas hermanas en Cristo piadosas y sabias».

LIGON DUNCAN, canciller, Reformed Theological Seminary

«Si tienes el alma cansada y tu corazón necesita refrigerio, bebe de la sabiduría de *Sus testimonios, mi porción*. Estas mujeres escriben con perspicacia, belleza y un profundo amor por la Palabra de Dios».

MELISSA KRUGER, directora de contenido para mujeres para
The Gospel Coalition; autora, Five Things to Pray for Your Kids
[Cinco cosas por las que debes orar por tus hijos]

«Este libro es como entrar a una especie de reunión de egresados, donde el mismo manto de gracia envuelve con delicadeza diversos tonos de piel. Me siento cómoda y bien acompañada. Nuestro Padre no ignora nuestro contexto ni las luchas relacionadas con la raza cuando nos habla de Sus testimonios y nos alivia con la compañía de los otros. Te invito a unirte a mis hermanas y a recibir aliento y edificación al mirar la verdad eterna del Señor a través de estos ojos».

AIXA DE LOPEZ, autora; oradora;
miembro del consejo directivo, Christian Alliance for Orphans

«En ciertos momentos y en determinados lugares, el libro que tienes en tus manos habría sido ilegal… habría sido ilegal leerlo porque habría sido ilegal que sus autoras escribieran. Pero hoy, entre estas páginas, ellas triunfan, utilizando las cartas y las palabras que alguna vez fueron de contrabando para testificar sobre la verdad que nos libera a todos. Te invito a escucharlas adorar a un Dios cuya bondad no conoce límites y hablar de nuestra herencia común en la Escritura».

HANNAH ANDERSON,
autora, Made for More: An Invitation to Live in God's Image
[Creados para más: una invitación a vivir a la imagen de Dios]

«Acércate y aprende de estas mujeres sabias de la Palabra mientras se sumergen en las profundidades del Salmo 119. Versículo a versículo, cantarás con el salmista la misma canción llena de verdad que fluye del corazón de cada colaboradora: "La Palabra de Dios revela la gloria de Dios"».

ANN KROEKER, instructora de escritura; autora,
On Being a Writer [Ser escritor]
y The Contemplative Mom [La mamá reflexiva]

«¡Qué privilegio es sentarse a los pies de estas hermanas y aprender de sus meditaciones en la Palabra de Dios! Ellas muestran la diferencia que marca la Palabra de Dios en un mundo lleno de dolor e injusticia. Como guías expertas, toman de la mano a peregrinos débiles y cansados como yo, y nos conducen por el camino del Salmo 119. La travesía fue refrescante y una lección de humildad y, ¡me llevó a dar muchas gracias por la esperanza singular del evangelio!»

MARY WILLSON, directora de Women in Ministry,
Second Presbyterian Church, Memphis, TN

A las generaciones de mujeres de color en mi vida, a quienes Dios ha usado para afectar mi amor por Su Palabra: Nicie, Inez, Joyce, Afiya, Eden

Y en memoria de Josetta (1969-2015).

«Para las muchachas de color que pensaron en darse por vencidas cuando ser hechas a imagen de Dios no parecía ser suficiente».

Michelle Higgins

Sus testimonios, MI PORCIÓN

DEVOCIONALES PARA MUJERES DE TODO EL MUNDO

EDITADO POR KRISTIE ANYABWILE

JACKIE HILL PERRY • ELICIA HORTON • PATRICIA NAMNÚN
TRILLIA NEWBELL • K.A. ELLIS Y MÁS

BHESPAÑOL.COM

Sus testimonios, mi porción: Devocionales para mujeres de todo el mundo

Copyright © 2021 por Kristie Anyabwile
Todos los derechos reservados.
Derechos internacionales registrados.

B&H Publishing Group
Nashville, TN 37234

Clasificación Decimal Dewey: 242.643
Clasifíquese: Literatura devocional/ Mujeres/ Biblia-estudio y enseñanza.

Traducción al español: Gabriela de Francesco
Diseño de portada e ilustración por Ana Sanfelippo

Toda dirección de Internet contenida en este libro se ofrece solo como un recurso. No intentan condonar ni implican un respaldo por parte de B&H Publishing Group. Además, B&H no respalda el contenido de estos sitios.

ISBN: 978-1-0877-1573-5

Impreso en EE.UU.
2 3 4 5 6 7 * 25 24 23 22 21

CONTENIDO

PRÓLOGO

KIM CASH TATE

No podía dormir.

Y como alguien familiarizada con la falta de sueño —desde el entrenamiento intensivo con los bebés hasta la crianza de adolescentes, cuando las preocupaciones vuelven de rebote apenas las entregamos y hasta los problemas de sueño de la perimenopausia—, puedo decirte que esta noche particular de desvelo no fue como ninguna otra. Mi corazón latía a toda velocidad, con una urgencia palpable.

Más temprano ese día, había asistido a una clase introductoria para nuevos miembros en mi iglesia en Dallas. Nuestra familia se había mudado hacía poco desde Madison, Wisconsin; una residencia «desértica» para esta mujer negra nacida y criada en el DMV.[1] La falta de diversidad y cultura negra

---

1. Nota de la traductora: DMV se refiere a la región metropolitana de Washington que incluye DC, Maryland y Virginia, y a la que se puede acceder por metro.

en Madison me había vuelto perpetuamente descontenta, y el Señor había usado esto para atraerme hacia Él y salvarme. Había pasado cinco años en mi iglesia de Madison, aprendiendo y creciendo en la fe. Sin embargo, en unas pocas horas aquel sábado por la tarde en la clase introductoria para nuevos miembros, enseñanzas claves de mi antigua iglesia fueron cuestionadas o directamente desmanteladas.

Después, bombardeé a los pastores ayudantes con preguntas de seguimiento, y ellos dedicaron horas a responderme con amabilidad. Pero en medio de la noche, quedó en claro que no me alcanzaba con sus respuestas. Necesitaba descubrir la verdad por mi cuenta. Necesitaba una comprensión más profunda de la Biblia y una comprensión más profunda de mi Dios.

Era hora de bombardear el cielo.

Señor, ayúdame a aprender verdaderamente tu Palabra. Ayúdame a entender. Parecía que las palabras viajaban desde mi corazón al trono cada pocos segundos.

En ese momento, no lo sabía, pero mis oraciones hacían eco del sencillo estribillo del salmista en el Salmo 119: «Enséñame». Al menos diez veces, el salmista le implora a Dios que le enseñe Sus ordenanzas, Sus decretos… Su Palabra. Y como sabía que eso no sería suficiente, salpica el salmo con otro estribillo: «Dame entendimiento». Más de una vez, estas dos peticiones aparecen relacionadas, como en los versículos 33-34:

Enséñame, SEÑOR, a seguir tus decretos,
y los cumpliré hasta el fin.

Dame entendimiento para seguir tu ley,
y la cumpliré de todo corazón.

Dios es fiel. Diecinueve años más tarde, ha respondido las oraciones de aquella noche insomne muchas veces. ¿Quiero decir acaso que entiendo todo lo que necesito entender de Su Palabra? Para nada. Todavía le pido al Señor que me enseñe y me dé entendimiento. Pero es un hermoso continuo. Nuestro Dios se deleita en responder tales oraciones y nos da gracia para crecer, y después crecer un poco más... y un poco más.

Responde y nos da una pasión para excavar continuamente en las profundidades de Su Palabra. Nos enseña a ir más allá de la lectura al estudio, pero no solo para obtener conocimiento. Sirve para que lo conozcamos y entendamos Sus caminos. Para que lo amemos más profundamente. Para que aprendamos a permanecer, a confiar y a aferrarnos en medio de las angustias, las desilusiones y las pruebas. En medio de todo esto, imprime esta verdad inamovible en nuestros corazones: no podemos sobrevivir separadas de Su Palabra.

El Salmo 119 late con la misma desesperación que mi noche de desvelo. El salmista quiere más que aprender y entender la Palabra. Ruega para establecerse en ella y guardarla. Le pide a Dios que incline su corazón a ella y guíe sus pasos en esa dirección. En este, el salmo más largo de todos —por cierto, el capítulo más largo de la Biblia—, versículo tras versículo, destaca la necesidad de que la Palabra de Dios reine en cada rincón de la vida.

El Salmo 119 es de lectura obligatoria para el pueblo de Dios. Y lo alabo por darnos *Sus testimonios, mi porción,* que examina este salmo de manera espléndida y excelente. No hay otro recurso como este. De acuerdo con el salmo en sí, este devocional exalta la centralidad de la Palabra de Dios y ensalza sus beneficios. Sin embargo, lo hace a través de voces rara vez escuchadas: las voces de mujeres de color.

Si eres una mujer de color, ya sabes cuál es la experiencia típica al abrir un devocional o un estudio bíblico. Anhelamos aprender y recibir aliento con la exposición de la Palabra. Y a medida que el autor intercala historias personales, nos esforzamos por encontrar puntos en común. Pero suele costarnos vernos identificadas. Es una realidad a la cual nos hemos ido acostumbrando… pero es una realidad absurda. La Sociedad Bíblica Estadounidense ha descubierto que los afroamericanos en particular tienen un mayor grado de dedicación a la Biblia que la población de Estados Unidos en general. Sin embargo, vemos una representación muy pobre en los recursos bíblicos disponibles.

Por eso me entusiasma tanto este devocional. En un solo libro, podemos sentarnos con más de 24 mujeres cuyas perspectivas e historias casi nunca se escuchan junto con la exposición bíblica. Mi corazón se arrimó un poco más a medida que Kristie Anyabwile hablaba de sus temores como mamá de un hijo negro después de los asesinatos de Eric Garner, Mike Brown y John Crawford. ¿Cuántas de nosotras, y me incluyo, hemos sentido esos mismos temores como madres de hijos negros? Ver la Palabra aplicada con tanta destreza a un tema tan oportuno y relevante fue sumamente alentador.

¡Pero hay mucho más! Como las luchas de Elicia Horton con las injusticias arraigadas en su herencia mexicana, hispana y amerindia, pero a la vez su gozo en su porción eterna como amada de Dios. O la búsqueda de significado de Miltinnie Yih en sus raíces chinas, sus sentimientos de marginación por no ser lo suficientemente china y su hallazgo de esperanza eterna en la Palabra de Dios. O las reglas que comparte Jamika Munn, conocidas para todas las mamás negras («Ahora cuando entremos a la tienda, no toques nada y no pidas nada»). Y nunca antes había descubierto en ningún recurso relacionado con la Biblia una comparación y un contraste con un éxito de Marvin Gaye. ¡Vamos! Mi cabeza se mueve con ritmo, ¡aun cuando Jamie R. Love nos enseña que la «misericordia»[2] de Marvin estaba a años luz de la del salmista!

Podría seguir y seguir hablando de este tesoro. Pero es mejor que lo experimentes por cuenta propia. No importa cuál sea tu trasfondo o tu origen étnico; serás enriquecida con la ventana que se te abrirá a las vidas de estas hermosas hermanas en Cristo. Y recibirás una gran bendición a medida que te guíen, versículo a versículo, a una mayor comprensión de este salmo majestuoso.

Kim Cash Tate

---

2. Nota de la traductora: En referencia a la canción «Mercy, Mercy Me», de Marvin Gaye.

INTRODUCCIÓN

KRISTIE ANYABWILE

Gran parte de nuestra supervivencia depende de ver que nuestras hermanas sobrevivan, de verlas arriesgarse, de preguntarnos unas a otras cómo estamos y de decir: «¡Oye! ¿Sabes qué? Necesito que sobrevivas».

En el podcast de *Truth's Table* hay un episodio titulado *«Black Christian Women's Survival Guide»* [La guía de supervivencia para las cristianas de color]. En él, Michelle Higgins, directora de *Faith for Justice* y líder en *Action Saint Louis*, habla a las mujeres de color a las que les cuesta perseverar contra la oposición de distintas clases, particularmente en la iglesia. Puedes encontrar sus palabras al principio de este capítulo, las cuales señalan la importancia de la comunidad —del otro— para sustentar la esperanza en medio de la injusticia y el conflicto. Michelle sigue diciendo:

*Cuando estás en este lugar en donde [...] tu supervivencia
[es] crítica para ayudar y para sostener mi esperanza,
necesito que lo logres, para que estemos todas en este largo
maratón, avanzando juntas hacia la justicia [...].
Para todas las mujeres de color [...] que transitan estos
espacios y miran a su alrededor y dicen: «No me siento
segura, no soy libre, pero lo sé, sé que tengo que lograrlo
para que mis hijas o mis sobrinitas o quien sea
que venga detrás de mí —mis hermanitas— estén seguras
y sean libres»... sobrevivimos las unas por las otras. Lo
logramos gracias a la supervivencia de la otra.*

Michelle sigue y señala la fuente de nuestra supervivencia:
«Nuestra supervivencia [...] está absolutamente basada en el
poder del Espíritu Santo [...]. Tenemos que apoyarnos juntas
en la verdad de Dios».

Es cierto, tenemos que apoyarnos juntas en la verdad de
Dios. No importa qué dificultades enfrentemos como cristianas —cualquiera sea nuestro trasfondo, nuestra familia, el
color de nuestra piel o nuestro género, y sean cuales sean
nuestros sueños y temores y desafíos—, Dios les infunde a
Sus hijos poder mediante Su Espíritu, a través de Su Palabra,
para caminar juntos con palabras de sabiduría, esperanza y
amor. La Palabra de Dios es la que nos sostiene en toda circunstancia. Sus estatutos son nuestro deleite (Sal. 119:14).
Su Palabra es lámpara a nuestros pies y luz para nuestro sendero (Sal. 119:105). Sus preceptos son dignos de confianza
(Sal. 111:7). Su ley está dentro de nuestro corazón (Sal. 40:8).

Sus mandamientos son justos (Sal. 119:172). Sus decretos son el tema de nuestros cánticos (Sal. 119:54). Sus juicios son buenos (Sal. 119:39).

Así que este libro es dos cosas.

Es un devocional que se concentra en el tema más importante de cualquier época: la Palabra de Dios. Y es una celebración del Salmo 119, cuyo tema principal es la multifacética Palabra de Dios.

El Salmo 119 es el capítulo más largo y se podría decir el de estilo más único de la Biblia. Muchos eruditos creen que David, el mayor rey de Israel antes que Jesús, escribió este salmo. Es un poema acróstico que consta de 22 secciones que siguen el alfabeto hebreo desde el *álef* hasta el *tav:* de la A a la Z. Cada sección contiene ocho versículos, y cada uno comienza con la letra hebrea correspondiente. Es el más elaborado de los distintos poemas acrósticos en la Biblia. Ofrece bendiciones para aquellos que caminan según la Palabra, consuela a los que sufren, sirve de refugio en tiempos de prueba y aflicción y nos da ocasión para alabar a nuestro gran Dios por Sus promesas perdurables.

Segundo, este libro es una celebración de la Palabra de Dios a través de las voces de mujeres de color: mujeres con herencia afroamericana, latinoamericana, amerindia, asiática y caribeña. Y este es el porqué. Gracias a Dios, hay una conversación en curso acerca del silenciamiento de las voces femeninas, y esto es algo aún más pronunciado entre las mujeres de color. Además de este silenciamiento, muchas mujeres de color sienten que son invisibles, que no se les percibe como portadoras de la imagen divina, como miembros valiosos del cuerpo de Cristo, como posibles cónyuges, como maestras capaces de la Palabra de Dios. Este libro les devuelve la voz a esas mujeres. Y te doy gracias por tu disposición a escucharlas y a aprender de ellas. Confío en que, sea cual sea tu género o tu trasfondo étnico, y por más similares o distintas que sean tus experiencias a las de estas colaboradoras, puedas crecer en tu propio anhelo por la Palabra de Dios.

Sus testimonios, mi porción te permitirá escuchar a estas mujeres a medida que exponen con fidelidad la Palabra de Dios y ver sus experiencias singulares salpicadas en los devocionales, mientras nos permiten vislumbrar sus vidas y sus culturas. Además de los devocionales que nos llevan estrofa por estrofa por este salmo, encontrarás varias composiciones temáticas intercaladas por el libro que nos ayudarán a aplicar la Palabra de Dios a cuestiones sociales de la actualidad, así como poemas que captan aspectos de cómo Dios llama a Su pueblo a amar Su Palabra.

Mi oración es que este libro te hable más allá del trasfondo, la denominación y la etapa de tu vida, y que te lleve a la Palabra viva y activa de Dios, esa Palabra eterna que no está atada a ninguna era ni cultura. Oro para que, a medida que leas, aumente tu sed por la Palabra; que puedas descubrir que tu deleite en Cristo, el Verbo hecho hombre, desborda; que veas cómo la Escritura nos habla mientras navegamos los temas difíciles de nuestra época; que seas enriquecida por la poesía bíblica y contemporánea, y que recibas ánimo con la oportunidad de aprender de mujeres fuera de la cultura dominante.

Más que nada, ruego que todos podamos celebrar y poner en práctica, juntos como pueblo de Dios, lo que el salmista exclama en el Salmo 119:111:

Tus estatutos son mi herencia permanente;
son el regocijo de mi corazón.

1. SUS TESTIMONIOS SON MI PORCIÓN

ELICIA HORTON

La mayor parte de mi vida, crecí sin conocer o entender realmente mucho sobre mi herencia mexicana, hispana y amerindia. Solo sé que me encanta la comida mexicana, y mis raíces amerindias afloran rápidamente cuando el sol toca mi piel y la deja de un color tostado con matices dorados. En verano, me hacen muchas preguntas sobre mi origen étnico porque, cuanto más tiempo paso al sol, más les cuesta a las personas identificar a qué grupo étnico pertenezco. Además, mi apellido de casada es Horton, lo cual añade otro matiz de ambigüedad.

Me gusta que así sea. Me gusta mantener a la gente alerta. Sin embargo, cuando todos empezaron a hablar de Ancestry.com, sentí el impulso de sumarme. Tanto mi esposo como yo entregamos muestras de nuestro ADN con la esperanza de encontrar respuestas. Mi ADN resultó ser 55 % amerindio. Pero eso incluye tanto a Estados Unidos como a México, y el resultado no discriminó exactamente cuánto tengo de norteamericana y qué porcentaje tengo de mexicana. Esperaba que la gráfica circular me diera una tajada de claridad, pero incluso después de todo esto, me quedé con una sensación de desconexión en cuanto a saber quién era en realidad y de dónde provengo.

AMÉRICA: EL SUEÑO, LA PESADILLA

Valoro y aprecio cómo el Señor siempre hizo que la diversidad fuera parte de mi historia. Tuve la bendición de crecer en medio de la diversidad. Mi experiencia con la escuela pública y la iglesia hicieron que me zambullera de cabeza en un océano de muchos colores hermosos. La diversidad me es algo natural y no tan solo una palabra de moda que agregué para fortalecer mi vocabulario, o un concepto por el cual tengo que orar para que Dios ablande mi corazón al respecto. En cambio, la diversidad es una realidad que he tenido la bendición de conocer toda mi vida. Pero ahora, en esta época de la vida de mi nación, tengo un mayor anhelo en mi corazón no solo de defender la diversidad, sino también de celebrar las hermosas etnias de la creación de Dios. Sin embargo, me resulta un desafío no saber demasiado sobre mi propia herencia.

Aunque al crecer disfruté de la diversidad, no sabía demasiado sobre mi herencia, y por lo tanto, no la celebraba. De un lado de mi familia, las generaciones mayores nos alentaban a «americanizarnos», con la esperanza de encontrar mejores oportunidades. Para ellos, la americanización equivalía a oportunidades. En su mente, los sueños solían no realizarse porque las personas provenientes de un país donde la pobreza era algo tan común como los ojos y la piel marrones no tenían oportunidades al alcance. Las oportunidades son tesoros preciosos para aquellos que se suben sin pagar a algún vagón de un tren con la esperanza de encontrar trabajo para poder enviar dinero a sus familiares. Las oportunidades por fin se harían realidad para sus nietos y bisnietos, pero la esperanza de la oportunidad llegó primero, sin cumplirse, sobre la fuerte espalda de mujeres y hombres sin educación que fueron maltratados y marginalizados. Cuando se lo permitieron, usaron sus dos manos para labrar campos de frutillas y las vías del tren para proveer para sus familias. Si el patrimonio de sudor pudiera convertirse en dinero, estoy más que segura de que tendría una herencia enorme.

La realidad de mis ancestros al experimentar una nueva tierra me lleva a pensar en cómo se habrán sentido Moisés y la generación quejosa de israelitas cuando escucharon y vieron la abundante tierra prometida pero no pudieron entrar ni disfrutar de ella. Es un hecho que muchísimos de mis ancestros nunca pudieron cruzar la frontera. Nunca llegaron a experimentar una vida de la cual valiera la pena contarles a sus nietos.

Las pocas historias que conozco son las que atesoro como una valiosa reliquia, pero no sería justo para mi herencia amerindia ignorar aquellas que no conozco pero puedo imaginarme: el sinnúmero de testimonios llenos de dolor, sufrimiento y desesperanza cuando esta tierra preciosa que pertenecía a este pueblo indígena —mi pueblo— fue robada por otros que no se limitaron a descubrirla. Creo que Dios ha protegido mi corazón de los detalles horrendos y específicos de lo que experimentaron mis ancestros, porque el dolor intenso que siento ya es suficiente para mí y es algo que ya no puedo ignorar ni reprimir.

Para algunos de mis ancestros, venir a Estados Unidos fue un sueño. Para la parte indígena de mi herencia, «América» fue una pesadilla que les sobrevino mediante la idea de «destino manifiesto» de otros. Al hablar con otras latinas y personas indígenas —tanto cristianas como no cristianas—, he descubierto que nos parecemos en muchos sentidos. Por fuera, mostramos diversos y hermosos tonos color café. Por dentro, la lucha y el destino de nuestros ancestros sigue clamando con una fuerza indiscutible un ajuste de cuentas. Y aunque tal vez nos separen la fe y el apellido, tenemos algo en común que une nuestros corazones: cumplir los sueños de nuestros ancestros para las generaciones futuras. El sueño de escapar de décadas de pobreza y tener una casa real, en lugar de vivir en algún cobertizo improvisado. El sueño de disfrutar de la tierra, de las libertades y los derechos que les pertenecen a todos los que han migrado aquí. El sueño de una vida que valga la pena relatar a los bisnietos.

Yo soy esa bisnieta. ¿Acaso mi vida sería distinta si supiera más sobre mis ancestros y sus esperanzas?

Debería estar amargada, ¿no? ¿Acaso no hay que usar la indignación justa como una medalla de honor? ¿No tendría que expresarme más sobre esto? Las heridas que experimentaron mis ancestros tendrían que estar profundamente arraigadas en el centro de mi alma, ¿no? La injusticia debería hacer que vea todo como algo roto sin esperanza, ¿verdad? La clase de desesperanza que se ha transformado en un hilo entretejido en el tapiz de mi herencia también tendría que coserse a la tela de mi ser, ¿no?

La causa y el efecto exigirían que mi respuesta a las duras realidades de mis ancestros (y contemporáneos) sea amargura, enojo y la exigencia de una mayor rendición de cuentas. Sin embargo, mi fe está marcada por la gracia. Mi Dios es el Dios en el cual la justicia está presente pero la gracia jamás falta. Lo que es injusto (desde un punto de vista terrenal) es que un Dios santo y perfecto decidiera enviar a Su Hijo a morir por pecadores impíos e injustos como nosotros. ¿Cómo podría despreciar a alguien y no mostrarle gracia, si yo misma fui perdonada de todos mis pecados?

MI HEREDAD PARA SIEMPRE

Dios, que es rico en misericordia y gracia, me ha dado una nueva vida y una nueva identidad. Me ha proporcionado una herencia que se extiende a todas las generaciones. Cuando leo el Salmo 119, el versículo 111 es el que me inspira y me perfora el corazón al mismo tiempo:

> *Por heredad he tomado tus testimonios para siempre,*
> *porque son el gozo de mi corazón* (RVR1960).

Los «testimonios» de Dios son las incontables maneras en las que el Creador ha amado y cuidado Su creación y a Su pueblo. Desde la revelación general en Su creación hasta la revelación específica en Su Palabra, Dios ha mostrado Su bondad, amor y justicia a todos. Tal vez estés leyendo esto hoy y, al igual que yo, te sientas desconectada de lo que eres debido a tu pasado. Quizás te hayan adoptado o hayas crecido sin conocer a uno de tus padres o a los dos. Puede ser que te hayan separado de tu familia o que hayas tenido que tomar la difícil decisión de dejar atrás a tus familiares. Tal vez no sabes de dónde provienes. Quiero que sepas que tus sentimientos respecto a esa desconexión son válidos. Tu dolor y tus cicatrices son reales, y tu historia todavía no se ha terminado de escribir. Gracias a Su gran amor por mí y por ti, Dios quiere que experimentemos esa sensación abrumadora de seguridad que ningún terremoto puede sacudir. Por gracia, fuimos salvas para vivir como parte del pueblo escogido por Dios durante este espacio específico de tiempo. Aunque tal vez tengamos pocas historias de nuestra heredad étnica, tenemos una fe llena de testimonios de la bondad y la fidelidad de Dios.

LA GRACIA LLENA NUESTRAS HISTORIAS

Seguramente, te preguntas qué tiene que ver todo esto con el Salmo 119. ¡Quédate ahí!

El libro de los Salmos es como un poste indicador que les muestra a los creyentes la importancia de aferrarse a la Palabra de Dios. El salmista clama enfáticamente en el Salmo 119:4-5:

> *Tú has establecido tus preceptos, para que*
> *se cumplan fielmente. ¡Cuánto deseo afirmar*
> *mis caminos para cumplir tus decretos!*

Dios desea que conozcamos Su Palabra. No se trata de un conocimiento intelectual, sino de una transformación del corazón. Lo que sabemos que es cierto sobre Dios debería alterar de forma radical nuestra manera de ver el mundo, de vernos a nosotras mismas y de tomar decisiones. El Salmo 119 nos recuerda constantemente que los caminos de Dios son mucho más altos que los nuestros —mucho más de lo que nuestra mente finita puede manejar— y que siempre son mejores. Cuando deseamos encontrar entendimiento, el versículo 105 declara: «Tu palabra es una lámpara a mis pies; es una luz en mi sendero». El versículo 130 lo complementa: «La exposición de tus palabras nos da luz, y da entendimiento al sencillo». Mantenerse en sintonía con estas verdades proporciona un camino a la sabiduría. En su exposición del Salmo 119, Charles Spurgeon nos recuerda que la Palabra de Dios da testimonio de quién es Dios, de lo que desea y de cómo podemos conocerlo más. Lo que nuestro amigo Charles está intentando decir, en esencia, es que conocer a Dios es conocer Su Palabra, y conocer Su Palabra es conocer más a Dios. Uno de los equilibrios más importantes a lograr en nuestro caminar con Dios es tomarnos el tiempo de estudiar Su Palabra y ponerla en práctica al creerla de corazón.

Todas nuestras historias son únicas y complejas, pero tienen un propósito. Es fácil leer nuestras experiencias y presuposiciones sobre la Palabra de Dios, pero es más provechoso leer la Palabra de Dios y ver cómo Él usa nuestros testimonios para ser parte de Su divina historia. Adherirnos a una cosmovisión bíblica no significa que tengamos que dejar

ELICIA HORTON

nuestra identidad y nuestra herencia étnicas en la puerta. En lugar de eso, nos comprometemos a someter nuestras vidas a la autoridad de la Palabra de Dios mientras permitimos que nuestra identidad étnica permee cada rincón y matiz de lo que constituye nuestra singularidad. Si Dios quisiera que viéramos todo en blanco y negro, nunca habría creado un arcoíris. Él usa cada parte de lo que somos. Su Palabra nos enseña a abrazar nuestra propia identidad étnica y nuestra herencia, y todo lo que eso trae… la alegría y el dolor. Y nos enseña a disfrutar de todo lo que el Señor ha hecho por nosotras… nuestra identidad en Él, nuestra seguridad en Él y todo lo que eso conlleva, para siempre.

> *Por heredad he tomado tus testimonios para siempre, porque son el gozo de mi corazón* (RVR1960).

Permite que esta verdad penetre. Yo lo hice y, ¿adivina qué? Me llevó a ponerme de rodillas. El amor y la gracia insuperables de Dios llenan las páginas de mi historia y hacen que mis ojos desborden con lágrimas de gratitud. Dios no me necesita para llevar a cabo Su plan. Tampoco te necesita a ti. Pero decidió tomar nuestras piezas rotas para crear una obra de arte. Escogió hacer que Sus testimonios fueran parte de nuestra herencia para que Su historia de redención se volviera nuestra.

Querida hermana, lee Su Palabra. Estudia Su Palabra. Deléitate en Su Palabra. Aférrate a Sus testimonios. Tus historias —las buenas, las difíciles, las dolorosas y aquellas sin resolver— son importantes. Importan por quién eres y le importan a Dios. Pero a la hora de definirnos, palidecen en comparación con la rica herencia que recibimos. Si Dios puede guiar a miles de israelitas obstinados a salir de la esclavitud y llegar a la tierra prometida, ¿por qué no querría guiarte también a ti? Su creación. Sus milagros. Su ley. Su nacimiento. Su muerte. Su resurrección. Su regreso. Todos estos son fragmentos de los innumerables relatos y testimonios de nuestra rica herencia como hijas de Dios. Nos muestran, tal como les mostraron a nuestros ancestros espirituales, que Dios es fiel en medio de nuestras luchas, sin importar lo que sugieran nuestras historias.

Así que, en vez de callarnos o encerrarnos en nosotras mismas, podemos recordar la fidelidad de Dios a través de Su Palabra y deleitarnos en ella. Podemos recordar nuestra herencia, incluidos Sus testimonios. Estas son las historias que puedo transmitirles a mis hijos, mis nietos y mis bisnietos. Las historias incompletas de mi heredad ancestral son una parte de lo que soy, pero a fin de cuentas, no definen quién soy. Soy una hija del Rey resucitado, y Sus testimonios son, sin duda, mi porción y mi herencia.

2. PORCHE MATUTINO

QUINA ARAGON

Clouds line sky
topaz blue
encrusted by
glaring gold
and white light.
Trees yawn
dripping moss,
those ornaments of Florida.
I love to be here
with You
want that beautiful view
again and again to
breathe in, sing
how You teach me

faithfully in
eternal Words, my life.
Why
would a rebel, foolish child
less-than-faithful bride
be seated with You
and You in me?
I never deserved this
yet forever need
Your grace and peace
renewed
every morning.

Nubes bordean el cielo
de azul topacio
con incrustaciones
de un oro brillante
y luz blanca.
Los árboles bostezan
y gotean musgo,
esos adornos de Florida.
Me encanta estar aquí
contigo

quiero ver ese hermoso paisaje
una y otra vez para
respirar, cantar
cómo me enseñas
con fidelidad
en tus palabras eternas, mi vida.
¿Por qué
una hija rebelde e insensata
una novia nada fiel
se sentaría a tu lado
y tú vivirías en mí?
Jamás lo merecí
pero necesitaré siempre
tu gracia y tu paz
renovadas
cada mañana.

3. LA BÚSQUEDA DE LA FELICIDAD

JAMIKA MUNN

Hemos recorrido muchos caminos en nuestra búsqueda de la felicidad.

Algunas hemos tomado el camino de la carrera perfecta o el camino al romance, tal vez saltando de relación en relación. Otras hemos probado la esfera social, asistiendo a todos los lugares de moda, teniendo la ropa más linda y buscando el estrellato en los medios sociales. Muchas nos repetimos constantemente que, si tan solo tuviéramos más logros o posesiones materiales, por fin seríamos felices.

¿No sería maravilloso si eso fuera verdad?

La felicidad es un sentimiento o experiencia que todos en la tierra buscan o fingen tener (o ambas cosas). Todas la anhelamos y la buscamos. Sin embargo, lo que suelen vendernos los medios, los libros y la opinión popular como felicidad ha probado ser algo ordinario e insatisfactorio. Si somos sinceras, esto dificulta saber dónde se encuentra la verdadera felicidad. Sin embargo, la verdad es que Dios sí nos creó para que fuéramos felices. El problema es que buscamos la felicidad fuera del diseño de Dios, lo cual nunca funciona. Gracias a Dios, Él ha revelado el verdadero camino a la felicidad, y podemos estar seguras de que nos guiará allí. El principio de este salmo nos muestra el camino.

> *Dichosos los que van por caminos perfectos, los que andan conforme a la ley del SEÑOR* (v. 1).

Observa la palabra «dichosos». La dicha se refiere a un estado de felicidad pleno. Es más que una felicidad circunstancial; es un estado de felicidad que depende de nuestra relación con Dios. Vemos que el mismo término se usa en el Salmo 1 y en las Bienaventuranzas (Mat. 5). Las personas piadosas son personas felices. En el primer versículo del Salmo 119, el salmista le atribuye la felicidad a ir por un camino perfecto y andar conforme a la ley del Señor. Para simplificarlo, la felicidad es un patrón habitual si vivimos según la instrucción del Señor.

Podríamos verlo como dos caminos que se extienden frente a nosotras. Uno está lleno de culpa y vergüenza, mientras que el otro está pavimentado con libertad e inocencia. La persona que toma el segundo camino entiende que la Palabra de Dios tiene plena autoridad sobre todas las cosas, sin importar cuál sea su opinión personal o sus sentimientos.

Al considerar esto, es sabio que examinemos con cuidado nuestro corazón para evitar declarar que vamos por un camino perfecto aunque no sea así. Consideremos lo que significa «perfecto». Ser perfecto implica ser hallado sin falta ni culpa.

Según la Escritura, sabemos que ninguna de nosotras puede ser perfecta por mérito propio. Aun nuestros logros más nobles y mejores no logran que estemos a cuentas con un Dios santo. La Biblia declara que «no hay un solo justo, ni siquiera uno» (Rom. 3:10). En última instancia, un camino perfecto requiere que seamos intachables y ¡solo Cristo puede serlo! Jesús es el único que fue verdaderamente dichoso porque fue perfectamente intachable. Podemos compartir esta dicha al entender que la perfección de Cristo se le acredita a cualquiera que confía en Él. En Cristo, podemos ser consideradas intachables ante Dios. El camino a la felicidad es confiar en Cristo, ¡el cual es perfecto por nosotras!

GUARDAR LOS MANDAMIENTOS

Bienaventurados los que guardan sus
testimonios (v. 2, RVR1960).

Cuando era pequeña, nuestra iglesia tenía un servicio llamado Noche de gozo. Todos los viernes por la noche teníamos Noche de gozo, y la congregación se reunía a cantar y testificar de la bondad del Señor. Si alguna vez fuiste a una iglesia negra, sabrás lo emocionantes que pueden ser las reuniones de testimonios. Los testimonios siempre eran variados: desde alguien que se sanaba de alguna enfermedad a otro que recibía dinero inesperado para pagar alguna cuenta. Escuchábamos horas de testimonios, y cada uno iba seguido de una canción en respuesta, donde un miembro de la congregación lidera la alabanza y el resto responde cantando. Una de mis favoritas decía:

Llamado: «¿En quién te estás apoyando?».
Respuesta: «Me apoyo en el Señor».
Llamado: «¿En quién te estás apoyando?».
Respuesta: «Me apoyo en el Señor».
Llamado: «Me apoyo…».
Respuesta: «¡En el Señor!».

Todos testificaban con alegría sobre el carácter de Dios, Su fidelidad para proveer y Su misericordia y bondad para sanar enfermedades. ¡Alabado sea Dios!

Aunque estos testimonios son maravillosos, creo que el salmista quiere destacar otra verdad aquí. Los testimonios que describe aquí son para guardar. Estos testimonios son los mandamientos de Dios para Su pueblo. Sus mandamientos testifican sobre Su carácter santo. El salmista proclama que seremos felices si guardamos los mandamientos de Dios en nuestro corazón y, al hacerlo, reflejaremos Su carácter. Aunque somos incapaces de guardar y poner en práctica a la perfección los testimonios de Dios, podemos confiar en que Él nos ayudará a practicarlos lo mejor que podamos. Jesús guardó los testimonios de Dios a la perfección. Guardó la Palabra del Padre y fue un ejemplo perfecto de todo lo que Dios había mandado. En nuestro caso, la felicidad se encuentra al guardar la verdad del evangelio en nuestro corazón y buscar poner en práctica lo que implica.

¿SENTIMOS LA FALTA?

... y de todo corazón lo buscan (v. 2).

Mi cuñada es una esposa y madre muy ocupada, y suele perder su teléfono celular. Puede estar perdido durante horas y ella no se da cuenta, pero cuando siente la falta, la búsqueda del teléfono perdido a menudo requiere un esfuerzo de equipo. Seguirles el paso a seis niños con dedos pegajosos en una casa de tres pisos trae su propia ansiedad y urgencia de encontrar el teléfono lo más pronto posible. En un abrir y cerrar de ojos, los almohadones del sofá están en el suelo, la ropa quedó toda desordenada, alguien está buscando en la camioneta y, ¡se siente la presión!

La urgencia de encontrar el celular es tan grande porque, para mi cuñada, es una necesidad. Es algo valioso. Probablemente haya algo en tu vida que percibas como una «necesidad». Para algunas de nosotras será nuestro teléfono celular y para otras, algo más. Sea lo que sea, piensa en eso y pregúntate: ¿Busco a Dios con la misma intensidad y determinación? ¿Lo considero algo absolutamente necesario? Si sentimos la falta de nuestro teléfono o de cualquier otra cosa más de lo que sentimos la falta de la Palabra de Dios en nuestras vidas, ¿qué revela esto sobre nuestro corazón? Queremos ser mujeres que declaren, como el salmista, que Dios y Su Palabra son invaluables, que verdaderamente son una necesidad para nuestras vidas y que buscaremos al Señor con urgencia.

Tenemos que saber algunas cosas sobre buscar a Dios. Primero, la única manera en la que podemos buscarlo es en la persona de Cristo. «Jesús le dijo: Yo soy el camino, y la verdad, y la vida; nadie viene al Padre, sino por mí» (Juan 14:6, RVR1960). Segundo, debemos buscarlo a través de Su Palabra en verdad, porque «Dios es espíritu, y quienes lo adoran deben hacerlo en espíritu y en verdad» (Juan 4:24). Tercero, debemos buscarlo con una actitud de compromiso con la santidad: «Busquen la paz con todos, y la santidad, sin la cual nadie verá al Señor» (Heb. 12:14). Por último, debemos buscarlo por encima de todas las cosas y recordar, incluso cuando lo hacemos, que es imposible buscar aquello que es más valioso que todo sin la ayuda del Espíritu Santo. Como cristianas, sabemos que si Dios no nos diera Su Espíritu, no lo buscaríamos. Naturalmente, «no hay nadie [...] que busque a Dios» (Rom. 3:11). Sin Su Espíritu, siempre correríamos detrás de los ídolos de nuestros corazones, que nos prometen felicidad pero tan solo llevan a angustias.

NADA DE HÁBITOS NI EXCUSAS

Jamás hacen nada malo, sino que siguen los caminos de Dios (v. 3).

La lucha con el pecado es real. A diario, vemos cómo Romanos 7:19 cobra vida ante nuestros ojos: «De hecho, no hago el bien que quiero, sino el mal que no quiero».

Cuando el Salmo 119:3 destaca a aquellos que «jamás hacen nada malo», se refiere a corazones que han sido verdaderamente cambiados por el evangelio. Aquellos que «jamás hacen nada malo» no están libres de iniquidad, sino que no tienen el hábito de pecar. Ya no buscan maneras de hacer el mal, sino que se esfuerzan por hacer lo bueno. Aunque puede luchar con el pecado, la persona verdaderamente feliz no se hace el hábito de pecar; tampoco se deleita en él ni lo excusa.

NO HACE FALTA AVERGONZARSE

Tú has establecido tus preceptos, para que se cumplan fielmente (v. 4).

¿Recuerdas algún momento en el que te hayan dado reglas o expectativas para tu conducta? Mi madre se tomaba muy en serio nuestra conducta, ¡en especial en público! Cada visita a alguna tienda iba precedida de una lista de deberes y prohibiciones. Mamá siempre nos decía: «Ahora, cuando entremos a la tienda, no toques nada y no pidas nada». Ella ponía las reglas y esperaba que las cumpliéramos. Mis hermanos y yo teníamos bien en claro que, en este caso, ¡la obediencia llevaba a la felicidad! Nos esforzábamos por obedecer lo mejor que podíamos, a veces ni nos animábamos a mirar algo que queríamos; ni hablar de tocarlo. De una manera mucho más significativa, Dios ha dado Su Palabra y nos ha mandado que la respetemos y la obedezcamos con cuidado. El salmista está ansioso por obedecer la Palabra de Dios porque entiende que así le irá bien (tal como nos sucedía a mí y a mis hermanos si obedecíamos a mamá en la tienda).

Pero por más que deseemos caminar en obediencia, nunca podremos guardar los preceptos del Señor con absoluta diligencia. Debemos depender de la ayuda de Dios para obedecer. Podemos clamar al Señor pidiendo ayuda, y el salmista sabe que debe hacerlo: «¡Cuánto deseo afirmar mis caminos para cumplir tus decretos!» (v. 5).

El salmista también entiende que, al cumplir los decretos del Señor, no será avergonzado. Si pusiéramos nuestra vida bajo la lupa junto a la ley de Dios, descubriríamos que estamos llenas de vergüenza. Nuestro corazón y nuestra conciencia nos condenarían sin piedad, ya que veríamos con absoluta claridad cuánto quebrantamos la ley de Dios constantemente. Pero en Cristo, no hace falta avergonzarse. El Señor Jesús soportó la cruz y cargó con nuestra vergüenza; fue avergonzado por pecados que no cometió y que nosotras sí cometimos. A cambio, el cristiano ahora puede vivir sin vergüenza en su vida y con gloria en la venidera. ¡Alabado sea Dios por Jesús! Que nuestros ojos estén fijos en Cristo, el cual vivió a la perfección los mandamientos de Dios. Él es quien quita nuestra vergüenza cuando no perseveramos en guardar los estatutos del Señor. «En esto sabremos que somos de la verdad, y nos sentiremos seguros delante de él: que aunque nuestro corazón nos condene, Dios es más grande que nuestro corazón» (1 Jn. 3:19-20).

EN LA ESCUELA DE LO DIVINO

*Te alabaré con integridad de corazón, cuando
aprenda tus justos juicios. Tus decretos cumpliré;
no me abandones del todo* (vv. 7-8).

En la primera estrofa de este salmo (vv. 1-8), el salmista llega
a la conclusión de que, a medida que descubramos la Palabra
y la voluntad de Dios, nuestro corazón se deleitará en ellas, y
nuestro deleite llevará a la práctica. Aprender las reglas justas
de Dios es más que grabar un mero conocimiento en la mente.
Aprender sobre algo implica saber cómo aplicarlo. Recuerdo
cuando estudiaba para ser asistente certificada de enfermería.
Había exámenes teóricos y prácticos, pero primero pregunta-
ban sobre la teoría. Nuestro instructor nos dio cuatro capítulos
para estudiar como preparación para el primer examen. No
es ninguna sorpresa que, si no pasábamos el examen teórico,
no podíamos seguir adelante con el práctico. El instructor
quería asegurarse de que tuviéramos el conocimiento que lleva
a la aplicación. Sin embargo, el conocimiento solo no era
suficiente... por ende, el examen práctico. ¡Los que estudia-
mos con diligencia y aplicamos ese conocimiento en el examen práctico nos alegramos cuando aprobamos! Ahora bien,
¿cuánto más debería ser esta nuestra experiencia en la escuela
de lo divino? La teoría debería llevar a la práctica. Con Dios,
el esfuerzo para aprender Sus reglas justas nunca es en vano
y tiene un valor eterno.

Nuestro estudio de los estatutos divinos debería llevarnos a una aplicación práctica que glorifique a Dios. Tal como muchos teólogos han proclamado, la teología siempre lleva a la doxología. El salmista decide guardar los estatutos del Señor, aunque es consciente de su propia incapacidad de hacerlo. Incluso hace un pedido de dependencia: «¡no me abandones del todo!». Está diciendo: *No me dejes librado a mis recursos para siempre, o fracasaré.* En Cristo, Dios respondió esa oración: «Nunca te dejaré; jamás te abandonaré» (Heb. 13:5).

Compartimos el clamor del escritor del Salmo 119. Si dependiera de nosotras cumplir a la perfección la ley de Dios para ganarnos o mantener Su bendición, fracasaríamos de manera deplorable. Pero donde nosotras fracasamos, ¡Jesús venció! Se transformó en el Verbo hecho carne (Juan 1:14) y cumplió toda la ley. Este hombre intachable fue el que llevó sobre sí toda nuestra impiedad. Cuando confiamos en la muerte, la sepultura y la resurrección de Cristo, confiamos en que todo nuestro pecado y nuestra vergüenza fueron clavados a la cruz. Por el Espíritu de Dios, podemos cantar con seguridad las palabras del escritor de himnos Isaac Watts:

> *En la cruz, en la cruz, do primero vi la luz,*
> *Y las manchas de mi alma yo lavé.*
> *Fue allí por fe do vi a Jesús,*
> *Y siempre feliz con Él seré.*

Confía en Jesús, entrégale tu camino a Dios y recibe bendición. En este mundo las cosas que nos dicen que llevarán a la felicidad tan solo conducen, en el mejor de los casos, a una sensación pasajera de alegría. En cambio, aquí tenemos una felicidad que vale la pena perseguir, que se puede encontrar y que jamás termina.

4. LA PROTECCIÓN DE LA PALABRA DE DIOS

JEANY KIM JUN

¿Cómo les enseñamos a nuestros hijos, y a los hijos de nuestros hijos, a mantenerse en pureza? ¿Cómo lo aprendemos nosotras? Al dirigirlos constantemente (y dirigirnos nosotras) a la Palabra de Dios y al ayudarlos a personalizarla. Los mandamientos y las leyes de Dios tienen autoridad sobre nuestras vidas. No solo necesitamos enseñar la Palabra de Dios a nuestros hijos, sino que ambos necesitamos tener un deseo personal de guardarla (v. 9), buscarla (v. 10), atesorarla (v. 11), proclamarla (v. 13), meditar en ella (v. 15) y deleitarnos en ella (vv. 14,16), para no desviarnos de los caminos del Señor (v. 10), no pecar contra Dios (v. 11) y no olvidar Su Palabra (v. 16).

Dicho de otra manera, el Salmo 119 nos enseña que para conocer al Señor, el Dios creador, debemos conocer Su Palabra (vv. 9,11,16), Sus mandamientos (v. 10), Sus decretos (vv. 12,16), Sus juicios (v. 13), Sus estatutos (v. 14) y Sus preceptos (v. 15). Como lo resume un comentario:

> *Debemos atesorar con cuidado la Palabra de Dios,*
> *declararla a otros, meditar en ella y deleitarnos en*
> *ella de todo corazón; entonces, por la gracia del Señor,*
> *actuaremos en consecuencia.*[1]

¿Qué mandamientos y leyes es más importante que conozcamos? Cuando un escriba le preguntó a Jesús, en Marcos 12:28 «De todos los mandamientos, ¿cuál es el más importante?», Jesús respondió citando Deuteronomio 6:4-5 y Levítico 19:18, y dijo:

> *El más importante es: «Oye, Israel. El Señor nuestro*
> *Dios es el único Señor […]. Ama al Señor tu Dios*
> *con todo tu corazón, con toda tu alma, con toda*
> *tu mente y con todas tus fuerzas». El segundo es:*
> *«Ama a tu prójimo como a ti mismo». No hay otro*
> *mandamiento más importante que estos* (Mar. 12:29).

Todas las leyes se resumían en estos mandamientos porque Dios nos dio las reglas, los preceptos y las leyes para que pudiéramos amarlo y amar a nuestro prójimo. Dios creó al hombre a Su imagen (Gén. 1:27), así que, como portadoras de Su imagen, debemos habitar con nuestros hermanos espirituales que han sido adoptados a la familia de Dios, así como con

---

1. (R. Jamieson, A. R. Fausset y D. Brown, *Commentary Critical and Explanatory on the Whole Bible* [Comentario crítico y explicativo de toda la Biblia])

aquellos que están fuera de la familia cristiana, como «prójimos». Debemos tratarlos como Dios nos trata, con lo que el Salmo 119 llama *kjésed* (Sal. 119:41,64,76,88,124,149,159). No hay una traducción directa de *kjésed* del hebreo, pero a menudo se traduce como «amor inagotable» o «misericordia». La *kjésed* de Dios se muestra en Su amor, misericordia, gracia y bondad inquebrantables por Su pueblo. A medida que aprendemos las leyes de Dios y meditamos en ellas al orar y pasar tiempo con el Señor, empezamos a ser transformadas a Su imagen. Entonces, y solo entonces, podemos aprender a «desbordar con la *kjésed* de Dios para con los demás y volvernos más misericordiosas, llenas de gracia, lentas para airarnos, amorosas, fieles y dispuestas a perdonar»[2].

Aun el experto en la ley, en Lucas 10, que le preguntó a Jesús cómo podía heredar la vida eterna, citó Deuteronomio 6:4-5 y Levítico 19:18 cuando Jesús le preguntó: «¿Qué está escrito en la ley? ¿Cómo la interpretas tú?». Cuando el hombre, en un intento de hacer que la ley fuera más manejable y menos radical, respondió con la pregunta: «¿Y quién es mi prójimo?», Jesús contó la historia del buen samaritano. En esencia, lo que dijo fue: *La pregunta no es: «¿Quién es mi prójimo?». La pregunta es: «¿Eres un prójimo?».*

Entonces, no desviarnos de los mandamientos de Dios (Sal. 119:10) implica necesariamente amar a nuestro prójimo. ¿Cómo debemos habitar con los prójimos que son nuestros

---

2. S. Hunt y B. Thompson, *The Legacy of Biblical Womanhood* [El legado de la femineidad bíblica], pág. 98.

enemigos, como lo eran los samaritanos de los judíos? Primero, debemos darnos cuenta de que siguen siendo nuestros prójimos. En la parábola del buen samaritano, Jesús derriba los muros entre las personas, y nos dice que los demás hombres son nuestros prójimos. Dios los creó, así que debemos valorarlos y amarlos porque portan Su imagen. Debemos tratar a los demás con el amor y la compasión con la cual Dios nos trató. La parábola del buen samaritano no es tan solo un ejemplo de la ley en acción, sino que en realidad nos señala al evangelio, porque Jesús es el prójimo que nos mostró misericordia cuando todavía estábamos muertos en nuestros delitos y pecados y vivíamos como Sus enemigos (Rom. 5:8).

DERRIBAR LAS BARRERAS

Por supuesto, no es fácil amar a todos los prójimos. Por eso, Jesús eligió a un samaritano como el héroe de Su historia. Los judíos y los samaritanos eran enemigos jurados, aunque a alguien que los observara de afuera pudieran resultarles parecidos. Los japoneses y los coreanos también son parecidos para un extranjero, pero en un momento, fueron enemigos jurados. Las atrocidades que cometieron los japoneses todavía hacen que muchos coreanos sientan amargura y dudas. La ocupación japonesa de Corea entre 1910 y 1945 dejó a muchos coreanos de la generación pasada con un odio hacia los japoneses y a todo lo que ellos hacen. Cuando estaba en la escuela secundaria, una de mis mejores amigas era una japonesa estadounidense. Mis padres, quienes nunca compraban autos japoneses, me advirtieron que no confiara en ella, tan solo debido a su ascendencia. Pero para mí, era mi amiga, una asiática estadounidense que estaba creciendo en Estados Unidos igual que yo, y no mi enemiga eterna. Era una persona. Era mi prójimo. La ley de Dios nos llama a derribar las barreras y construir puentes para que podamos amar a todos nuestros prójimos.

ALMACENA LA PALABRA DE DIOS EN TU CORAZÓN

Necesitamos aprender las leyes y los mandamientos de Dios, almacenarlos en nuestro corazón y nuestra mente y seguir declarando la verdad para usarla cuando sea necesario. El salmista declara: «Yo te busco con todo el corazón» (119:10), y ruega: «no dejes que me desvíe de tus mandamientos». El salmista sabe que nuestro corazón es, como dice un viejo himno, «propenso a alejarse […] propenso a dejar al Dios que amo». Cuando declaro que amo las leyes de Dios, eso sirve como un recordatorio de que amo a Dios y por lo tanto deseo guardar Sus leyes que me instan a amar a mi prójimo. Cuando me recuerdo estas verdades, me ayuda a mantenerme alejada del pecado. Por desgracia, casi siempre es más fácil pecar que intentar guardar la ley de Dios. Entonces, repaso una y otra vez el estribillo: «En tus preceptos medito, y pongo mis ojos en tus sendas. En tus decretos hallo mi deleite» (vv. 15-16), como manera de recordarme que no debo pecar.

Permíteme darte un ejemplo personal de cómo funciona esto. Cuando mi hija tenía quince años, le sucedió algo terrible. El perro de mi cuñada le desfiguró la cara. Necesitó más de 30 puntos en la mejilla izquierda, tuvo que usar vendas de silicona durante 16 semanas y hasta tuvo que hacer terapia por el trauma. Yo estaba enojadísima con mi cuñada por traer a su perro y permitirle entrar a la casa. Nuestra relación era incluso más difícil porque ella no era cristiana. Al día siguiente, empecé a llorar y clamé a Dios y le dije: «Sé que puedes usar esta situación para bien, y tal vez incluso llevarla a tus pies. Probablemente vayas a hacer que la perdone, pero no quiero hacerlo. ¡Ni siquiera se deshizo del perro! ¿Cómo puede seguir cuidándolo y alimentándolo cuando lastimó tanto a mi hija?».

Quería seguir enojada con mi cuñada, cortar todo vínculo y continuar odiándola y reteniéndole el perdón. Nadie podía convencerme de que la perdonara. Me di cuenta de que, en el pasado, había juzgado a otros cuando decían que no podían perdonar a alguien (por ejemplo, a un padre que había abandonado a su familia) y vi lo equivocada que había estado al decirles a las víctimas que «simplemente perdonaran». Yo podía perdonar con esa facilidad porque nunca me habían lastimado tanto. Pero cuando me pasó a mí, nadie podría haberme obligado a que perdonara a mi cuñada. Dios tenía que transformar mi corazón.

Conocía bien Jeremías 29:11: «Porque yo sé muy bien los planes que tengo para ustedes —afirma el SEÑOR—, planes de bienestar y no de calamidad, a fin de darles un futuro y una esperanza». Sin embargo, no podía entender cómo esto no era una calamidad para mi hija. También conocía Romanos 8:28: «Ahora bien, sabemos que Dios dispone todas las cosas para el bien de quienes lo aman, los que han sido llamados de acuerdo con su propósito». Sin embargo, no podía entender cómo esto obraba para el bien de mi hija. Leí Santiago 1:2-3: «Hermanos míos, considérense muy dichosos cuando tengan que enfrentarse con diversas pruebas, pues ya saben que la prueba de su fe produce constancia». Sin embargo, no podía encontrar dicha en esta situación. Por último, Dios me recordó Juan 15:2: «Toda rama que en mí no da fruto, la corta; pero toda rama que da fruto la poda para que dé más fruto todavía». Le pregunté al Señor: «Si permitiste que esto sucediera, ¿significa que me estás podando para que dé más fruto?».

Sabía cuál era el mandato de Dios: amar a mi prójimo. Pero para hacerlo, tenía que predicarme a mí misma el evangelio y recordarme las promesas de Dios; es decir, que Jesús me perdonó una deuda inmensa y que necesitaba perdonar a los demás sus pequeñas deudas. Empecé a dedicarme de lleno a escuchar y leer la Palabra de Dios. Necesitaba escuchar las verdades de Dios cada día para aprender aquello que todavía no estaba guardado en mi corazón. Clamé al Señor pidiendo ayuda y Dios puso en marcha Su plan para rescatarme. Recordé que debía alabar a Dios antes de pedir algo. Y mientras alababa, entendí que Él era el Creador de todas las cosas: omnisciente, todopoderoso, lleno de amor, mi proveedor, mi sanador, mi defensor y protector.

Unos diez meses después del incidente, Dios me llevó a México en un viaje misionero médico. Mientras estaba allí, los estudiantes universitarios cantaron «Aquella cruz» ¡y repitieron el estribillo 20 veces! Dios usó aquel estribillo para traspasar mi corazón. Mi deuda fue saldada gracias a que Jesús derramó Su preciosa sangre por mí. Era una pecadora perdonada. Ahora, la maldición del pecado ya no tenía poder sobre mí, y el Hijo me había liberado. Además, me había librado de manera que ya no era esclava de mi enojo contra mi cuñada. Predicarme el evangelio en mi cabeza había evitado que pecara con mis acciones. Pero a través de esta canción, el mensaje por fin penetró a mi corazón. Me sentí liberada.

Dos años después del incidente, puedo decir que Dios ha estado obrando en mí. Me he vuelto menos propensa a enojarme y culpar a otros. Además, Dios ha estado sanando a mi hija en cuerpo y espíritu; aunque tiene una pequeña cicatriz en el rostro, está física y mentalmente saludable y es más resistente. Me apoyo en estas verdades para recordar que debo mostrar *kjésed* a mi prójimo; en especial, a mi cuñada.

Sigo orando por reconciliación. Pero todavía no he llegado a ese punto. Sin embargo, Dios me recuerda que la reconciliación es algo bilateral. Para que haya reconciliación, uno tiene que pedir perdón y el otro debe conceder ese perdón. No obstante, Él me manda que perdone. Sigo orando por una relación restaurada y espero con ansias el día en que pueda reconciliarme con mi cuñada.

AMA A TU PRÓJIMO (SÍ, ES DIFÍCIL)
¿Por qué te cuento esta historia? Porque proteger nuestro camino según la Palabra de Dios significa no alejarse de Sus mandamientos, y eso implica amar a nuestro prójimo. Según

mi experiencia, eso puede ser difícil a veces. Y he llegado a darme cuenta de que no siempre quiero hacerlo.

A menos que la Palabra de Dios esté profunda y firmemente arraigada en nuestro corazón, es muy fácil pecar contra el Señor. Necesitamos recordatorios desde el exterior. Necesitamos que otros nos animen a aferrarnos a la cruz. Es más, cada persona necesita desarrollar un amor por la Palabra para estar motivada a leer las promesas de Dios, meditar en ellas y declararlas, en especial frente al pecado. ¿Cómo pueden nuestros jóvenes y niños mantener sus caminos en pureza? ¿Cómo podemos hacerlo nosotras? Al almacenar la ley de Dios en nuestros corazones, meditar en ella y declararla. Debemos amar a Dios y a nuestro prójimo. En esencia, eso requiere que entendamos, conozcamos, amemos, disfrutemos y pongamos en práctica (incluso cuando no sintamos el deseo de hacerlo) el mensaje del evangelio del mayor ejemplo de amor por el prójimo, el cual nos ama y nos da poder para cumplir la ley de Dios y amar a los demás. El evangelio es lo que nos permite mantener nuestro camino puro y obedecer al Señor.

5. NUESTRA ANCLA Y NUESTRO DELEITE

PATRICIA NAMNÚN

Las pruebas van a llegar. Esta es la realidad que todos los seguidores de Jesús han experimentado o llegarán a experimentar una y otra vez. Muchas de nosotras hemos aprendido de memoria las palabras de Jesús cuando les dijo a Sus discípulos: «En este mundo afrontarán aflicciones, pero ¡anímense! Yo he vencido al mundo» (Juan 16:33). Sabemos que esto es verdad. Sin embargo, cuando las tribulaciones aparecen en nuestra puerta y nos sacuden el suelo, nos toman por sorpresa y nos hacen titubear.

Todas tenemos momentos especialmente difíciles en la vida, momentos que pueden partirnos el corazón y sacudir nuestra fe. Una llamada inesperada, una enfermedad letal, un hijo rebelde, un esposo que abandona la fe, dificultades financieras sin resolución a la vista, problemas relacionales... ¿Qué podemos hacer cuando llegan las pruebas? ¿Cómo debe responder nuestro corazón? El Salmo 119:17-24 nos muestra la manera.

ORAR PIDIENDO OBEDIENCIA

En este salmo, encontramos una oración con pedidos específicos de David en medio de la persecución y la difamación que estaba sufriendo por parte de hombres en posición de autoridad.

Cada ruego que hace en estos versículos está en el contexto de pruebas y tribulaciones, y en cada uno el salmista está pensando en su propia fidelidad y obediencia a la Palabra de Dios.

Aunque, sin duda, no estás pasando por las mismas situaciones que David, sus ruegos —y la esperanza que demuestran— se aplican a tus propias pruebas. Necesitamos la Escritura en todo momento; en especial en los difíciles. Por eso nuestro Señor respondió en el momento de la tentación con las palabras: «No solo de pan vive el hombre, sino de toda palabra que sale de la boca de Dios» (Mat. 4:4). Como sabía esta verdad, el salmista nos muestra adónde debería apuntar nuestro corazón y qué deberíamos pedir en la Palabra.

David ora diciendo: «Trata con bondad a este siervo tuyo; así viviré y obedeceré tu palabra» (v. 17). La petición con la cual inicia esta parte contiene una verdad que necesitamos entender. Poner en práctica y guardar la Palabra de Dios no es algo que podamos hacer en nuestras propias fuerzas… es una bendición que viene de Dios; es algo que el mismo Autor de la Palabra concede.

David se reconoce siervo del Señor. Tal vez era un rey, pero reconoce que solo Dios es digno de ser exaltado, y David no es más que un siervo que busca en el rostro del Señor aquello que solo Él puede dar: vida y obediencia a Su Palabra.

Si hay algo por lo cual deberíamos orar siempre, ¡es esto! No tenemos las herramientas necesarias para vivir y obedecer con nuestras propias fuerzas. David le pide al Señor que le permita vivir y lo ayude a guardar Su Palabra, y la verdad es que la única vida que vale la pena vivir es la de obediencia a la Palabra de Dios y de deleite en ella. El Salmo 1 nos enseña que cualquiera que se deleita en la Palabra de Dios y medita en ella de día y de noche es dichoso, y en 1 Samuel, vemos cómo Samuel le dice a David que el Señor se deleita en la obediencia más que en cualquier sacrificio (1 Sam. 15:22).

Esa obediencia que nos bendice y en la cual el Señor se deleita solo es posible a través del poder del Espíritu Santo, el cual habita en cada creyente mediante la obra redentora de Jesucristo.

En cada momento de tu vida, incluso en medio del dolor más profundo, necesitamos la gracia que nos lleva a obedecer Su Palabra. ¿Cuándo fue la última vez que le pediste al Señor que te diera una vida de obediencia? Al meditar en este pasaje y pensar en mi propia vida, puedo ver que mi falta de oración por esto se refleja en mi sensación pecaminosa de autosuficiencia. Muchas veces, me encuentro luchando con áreas de pecado en mi propia vida —como la impaciencia, el deseo de control o la desconfianza del Señor— e intento superarlas con mis propias fuerzas, sin oración, y olvido que el poder transformador no es mío. Necesito ayuda de afuera; lo necesito a Él.

HAY MARAVILLAS PARA VER

El segundo pedido que David hace en este salmo es «Ábreme los ojos, para que contemple las maravillas de tu ley» (Sal. 119:18). No solo necesitamos la gracia de Dios para una vida de obediencia a la Escritura, sino que también precisamos Su gracia para ver las maravillas de Su Palabra. Necesitamos esa misma gracia para que nuestros ojos sean abiertos y lo atesoremos.

En la Palabra de Dios, hay maravillas para ver y Dios desea mostrárselas a aquellos que lo pidan. Como exclamó el apóstol Pablo, inspirado por Dios:

> *¡Qué profundas son las riquezas de la sabiduría y del conocimiento de Dios! ¡Qué indescifrables sus juicios e impenetrables sus caminos! «¿Quién ha conocido la mente del Señor, o quién ha sido su consejero?»* (Rom. 11:33-34).

Sus caminos son más altos que los míos, y Su sabiduría y Sus riquezas son más profundas. Él es quien abre nuestros ojos para que podamos contemplarlo. David pasó por muchas pruebas, y en medio de ellas, aprendió a pedirle al Señor: *Déjame verte; permite que vea las maravillas de tu Palabra.* Reconocía su necesidad y su incapacidad para suplirla. Y esta es otra oración que tú y yo debemos hacer constantemente al acercarnos a la Escritura. Necesitamos que Dios abra nuestros ojos para ver, de manera que podamos ser transformadas, alentadas, fortalecidas y podamos resistir la tentación. ¡Necesitamos que nos permita ver las maravillas de Su ley!

PEREGRINAS EN ESTE MUNDO

A continuación, David le dice al Señor:

> *En esta tierra soy un extranjero; no escondas de mí tus mandamientos. A toda hora siento un nudo en la garganta por el deseo de conocer tus juicios* (vv. 19-20).

David siente en su corazón lo mismo que nosotras deberíamos sentir: que no pertenecemos a este mundo porque estamos de paso. En medio de este peregrinaje, reconoce lo que sabe que es inalterable y verdadero: la Palabra de Dios. Esa Palabra es nuestra ancla en medio de un mundo caótico; un mundo lleno de pecado y dificultades. Los mandamientos del Señor son un refugio seguro en nuestro peregrinaje por esta tierra.

El salmo nos muestra que a David lo consumía su deseo de la Palabra y la anhelaba en todo momento. ¿Es esto lo que sucede en tu vida? ¿Te percibes como una peregrina en este mundo y ves la Palabra de Dios como tu refugio en medio de tu peregrinaje por esta tierra? ¿Anhela tu corazón Su Palabra en momentos de dificultad? Pídele al Señor que te dé este deseo. Que nos lleve a anhelar y desear Su Palabra en todo nuestro peregrinaje por esta tierra.

Esa Palabra se vuelve preciosa cuando el peregrinaje nos lleva por lugares difíciles porque, como David, podemos decirle a Dios: «Tú reprendes a los insolentes; ¡malditos los que se apartan de tus mandamientos!», y pedirle que aleje de nosotras «el menosprecio y el desdén, pues yo cumplo tus estatutos». Además, podemos volver a comprometernos para que, como Sus siervas, «[meditemos] en [Sus] decretos» (vv. 21-23). En estos versículos, vemos cómo David le ruega al Señor que quite de él las calumnias y las acusaciones que se hacen falsamente en su contra. En medio de esta dificultad, él sabe adónde debe ir; sabe que Dios es su defensor y que es el único que juzga a aquellos que se desvían de Sus mandamientos.

David conoce el valor de guardar la Palabra de Dios en medio de la persecución. Tal vez te encuentras en una situación muy similar a la de David. Y tal como David, puedes confiarle tu defensa al Señor. Él conoce todas las cosas y está a favor de ti, no en tu contra. La justicia ya llegará, aun si te parece que tarda. Y mientras sigas el ejemplo de David, también estarás siguiendo el ejemplo supremo del David más grande y mejor, uno que no cometió pecado alguno, en cuya boca no se halló engaño; uno que, cuando lo insultaron, no respondió con insultos, cuando padeció, no amenazó; uno que le confió la justicia a Aquel que sabía que juzgaría con toda justicia (1 Ped. 2:21-23). Este David más grande es nuestro Señor Jesucristo.

Pídele al Señor que te mantenga anclada en Su Palabra, que confíes en Sus planes incluso en medio de calumnias y desprecio y que medites en Su Palabra para que tu mente se llene de continuo con Sus verdades y no con las mentiras de los hombres. Encomiéndate al Único que juzga con justicia.

LA PALABRA, NUESTRO DELEITE

El último versículo de esta estrofa nos vuelve a recordar dónde está nuestro consejo en medio de las dificultades: «Tus estatutos son mi deleite; son también mis consejeros» (v. 24). Para David, la Palabra no solo era su fuente de meditación, sino también su deleite y su guía. La Palabra es nuestra guía fiel y, si verdaderamente queremos encontrar descanso en ella, debemos someternos a su dirección y transformarla en nuestro deleite. Cuando la vida se vuelve difícil, nuestro corazón anhela consuelo y guía. David sabía que solo podía hallar estas cosas en la Palabra. Cuánto más encontraremos estas cosas en el consejo pleno de Dios que tenemos en nuestras manos, asistidas por el Espíritu Santo de Dios que vive en nuestros corazones y nos guía a toda verdad.

¿En qué circunstancias difíciles te encuentras? ¿Qué injusticias o desilusiones estás enfrentando? Piensa en las cosas hermosas que Dios te ha mostrado en Su Palabra en medio de tu dificultad, las cuales has visto con mayor claridad gracias a la situación que estás atravesando. Piensa en cómo tus dificultades sirven como recordatorio de que solo estás de paso por este mundo y de que te espera una morada celestial y eterna, donde ya no habrá más llanto ni dolor. Mantente alerta en medio de tu dificultad, para que la Palabra de Dios sea tu deleite en todo tiempo. Fija tus ojos en sus verdades y rechaza así toda mentira que puede infiltrarse a tu mente en medio del dolor.

Que nuestras vidas, hoy y siempre, estén llenas de gracia, para guardar la Palabra de Dios. Que Él abra nuestros ojos para ver las maravillas de Su ley. Que la Palabra de Dios sea nuestra ancla en medio de las dificultades y nuestro deleite y consejero en todo momento mientras transitamos hacia nuestro hogar con Él.

6. LA ANGUSTIA QUE PROVIENE DE DIOS Y LA LIBERTAD DE LA GRACIA

TRILLIA NEWBELL

Hace poco, me diagnosticaron una hernia de hiato. Es una afección en la cual una pequeña apertura en la parte superior del estómago permite que penetre ácido al abdomen, y parte de mi estómago sobresale a través del músculo del diafragma. Sí, es tan doloroso como parece. Algunos que padecen esto pueden necesitar cirugía, pero he descubierto que puedo controlar los síntomas sencillamente con una dieta muy saludable.

En realidad, mi dieta es extremadamente saludable; tengo que evitar incluso los granos que hacen bien y los carbohidratos sanos para poder controlar mi afección. ¡El problema es que todos los alimentos que no puedo comer son deliciosos! En más ocasiones de las que me gustaría admitir, me he permitido comer algo que sabía que no me hacía bien. Mi apetito y mis papilas gustativas quedaban satisfechos de inmediato. Sin embargo, a medida que la comida bajaba al estómago, empezaban los calambres, la tos y una sensación abrumadora de náusea.

Esto pasó casi siempre que me faltó el autocontrol para decir que no. Las consecuencias de «hacer trampa» en mi dieta son casi inmediatas. Si no tengo cuidado, estas «transgresiones» podrían llevar a problemas más graves de salud e incluso a la muerte. Esos alimentos tal vez tengan una apariencia y un sabor deliciosos, pero no valen la pena.

Mi deseo de comida que debo evitar me recuerda el atractivo del pecado. A veces, en la vida, puedo ver rápidamente la fealdad del pecado y su naturaleza engañosa, y lo resisto. Pero otras veces, el pecado parece inofensivo o sumamente deseable. El pecado puede mentir a los ojos, al corazón y a la mente, convenciéndonos de que será satisfactorio. Muy a menudo, nos creemos la mentira cuando deberíamos tener mejor juicio. Aun cuando sentimos un impulso por parte del Espíritu, es demasiado fácil ignorar la advertencia y optar por el pecado.

Entonces, ¿dónde podemos encontrar ayuda para resistir esta tendencia? ¿Cómo podemos reconocer el pecado por lo que es y encontrar la fuerza para resistirlo? El autor del Salmo 119 nos señala en la dirección correcta.

CÓMO LOGRAR QUE EL PECADO NOS GUSTE MENOS

El salmista comienza con un ejemplo de la angustia piadosa y los afectos correctos. En el versículo 25, empieza con una imagen muy usada en la Palabra: el polvo. Aquí no se refiere a la muerte física, como en otras partes de la Biblia (ver Gén. 3:19). En cambio, destaca la realidad de un alma que lucha con el pecado, y la muerte a la cual lleva el pecado

(Rom. 6:23). Una persona cuya alma se «aferra» al polvo —a un lugar bajo y sucio— se enfrenta a la realidad de que sus propios deseos e inclinaciones pueden condenarla a muerte. Esta es la actitud del salmista frente a su pecado, y es la actitud adecuada para nosotras también. Aunque su alma se aferra al polvo, el salmista no parece sentirse condenado porque sabe adónde correr y a quién clamar. El pecado es muerte, pero la vida viene del Señor. Por lo tanto, el salmista clama correctamente al Señor en busca de ayuda. De manera más específica, ora pidiendo ayuda de la Palabra de Dios.

La Palabra de Dios es verdadera. La Palabra de Dios es viva y eficaz. Dios nos trata conforme a Su Palabra (Sal. 119:65). Por lo tanto, debemos aprender lo que dice en ella. Nos unimos al salmista y le pedimos al Señor que ilumine Su Palabra en nuestro corazón y nuestra mente. Sus preceptos (*piccúd* en hebreo) son las cosas que Dios ha designado para hacer. Si queremos saber cómo vivir, debemos conocer la Palabra de Dios. Sus palabras son palabras de vida. Cuando descuidamos la Palabra de Dios, en esencia descuidamos nuestra alma. La única manera de tener un alma que remonte vuelo, en lugar de quedarse postrada en el polvo, es llenarla de la Palabra de Dios.

Tal vez tú también hayas experimentado esta lucha con el pecado que describe el salmista. Quizás también hayas acudido a la Palabra, pero al leerla, hayas quedado con una sensación de condenación y desaliento. O tal vez leíste pero no sentiste una gran diferencia. Sin embargo, mira dónde concentra el salmista su atención. No empieza consigo mismo ni con sus propios esfuerzos. Se concentra en Dios, en Sus «maravillas» (v. 27). Anhela el entendimiento y, una vez que lo obtenga, meditará en el Señor. Y entonces tendrá la posibilidad de lidiar con su pecado.

Esto también es cierto para nosotras. A medida que descubrimos más sobre el Señor y Sus maravillas, y pasamos tiempo concentradas en esta realidad (en el carácter y la naturaleza de Dios), empezamos a tratar el atractivo del pecado cada vez con más desprecio. Comenzamos a desear al Señor más de lo que anhelamos pecar. Al igual que el salmista, experimentamos dolor por el pecado que ya está en nuestra vida (v. 28).

El apóstol Pablo llamó a esta angustia «la tristeza que proviene de Dios», y dijo que «produce el arrepentimiento que lleva a la salvación, de la cual no hay que arrepentirse, mientras que la tristeza del mundo produce la muerte» (2 Cor. 7:10). La Palabra de Dios es muy clara respecto a los resultados desastrosos del pecado humano. El pecado mata el cuerpo y el alma. Corrompe todas las cosas. Cuando el pecado entró al mundo, trajo muerte y oscuridad, ruptura y vergüenza. Y cuando pecamos en forma deliberada, cuando cedemos a los deseos de nuestra carne, optamos por la muerte. Cuando nos sentimos mal por pecar, pero no llevamos ese pecado ante el Señor y no nos comprometemos a cambiar, nada cambia. Nuestra alma permanece postrada en el polvo, y «la tristeza del mundo produce la muerte». Sin embargo, la tristeza que proviene de Dios nos lleva a regresar al Señor en arrepentimiento, a buscar Su poder para detestar nuestro pecado, a amar más a Dios y a cambiar nuestros apegos y acciones; así llegan la vida, la paz, la gracia y la libertad. El salmista conoce la tristeza que proviene de Dios... mira cómo le ruega al Señor que le dé «el privilegio de conocer [Sus] enseñanzas» (Sal. 119:29, NTV). En Su bondad y Su gracia, Dios nos enseña Sus caminos, para que nos apartemos del pecado y tengamos vida y gozo en Él.

Esto lo sabemos intelectualmente. Si cualquiera nos preguntara si creemos que el pecado es algo bueno que puede llevar a la felicidad y la satisfacción, no dudaríamos en decir que no. Sin embargo, tan a menudo sucumbimos a la seducción del pecado. Es tentadora... a veces, en el momento, pecar incluso parece correcto, bueno y sensato. No obstante, lo que a nosotras nos puede parecer «insignificante» o sin trascendencia, agravia al Espíritu (Ef. 4:30) y merece la plena ira de Dios (Ef. 2:3). Entonces, necesitamos pedirle a Dios una tristeza que provenga de Su parte respecto a todo nuestro pecado, la cual nos lleve de vuelta a Él, a aceptar y disfrutar de Su perdón misericordioso al arrepentirnos.

ESCOGE EL MEJOR CAMINO

En el Salmo 119:30, vemos que en algún momento, se tomó una decisión: «He optado por el camino de la fidelidad».

Si somos sinceras, sabemos que no siempre tomamos esa decisión. Piensa en la última vez que te enojaste con alguien y lo trataste con frialdad o espetaste una respuesta afilada. O aquella vez en que le diste una mirada rápida a ese sitio web prohibido, solo para terminar en las fauces de su representación falsa y grotesca de la intimidad. Sin duda, se te ocurren varias cosas que has elegido que eran contrarias a lo que está escrito o lo que expresa el espíritu de la Palabra de Dios. A mí también. Al leer la Palabra de Dios y por experiencia personal, sabemos que los resultados a largo plazo de tales decisiones pueden ser devastadores.

¡Pero también sabemos que podemos optar por no pecar! 1 Corintios 10:13 nos dice que:

> *Ustedes no han sufrido ninguna tentación*
> *que no sea común al género humano. Pero Dios*
> *es fiel, y no permitirá que ustedes sean tentados*
> *más allá de lo que puedan aguantar. Más bien,*
> *cuando llegue la tentación, él les dará también*
> *una salida a fin de que puedan resistir.*

Por el poder del Espíritu Santo y la gracia de Dios, podemos decir que no al pecado. Fuimos liberadas del pecado y su poder ya no nos domina (Rom. 6:22). Podemos escoger el mejor camino.

Esto no significa que no vayamos a luchar con nuestras tendencias pecaminosas. Aun cuando queremos hacer lo bueno, el mal sigue acompañándonos (Rom. 7:21), y a veces sucumbimos. Pero sí tenemos el poder de decir que no al pecado, y ese es motivo para gozarnos.

UN CORAZÓN DIVINAMENTE ENSANCHADO

En el Salmo 119:31, mientras se aferra a los testimonios del Señor, el salmista le pide a Dios que no lo avergüence. Así que él pone su esperanza en Dios, el cual «no avergüenza»

(Rom. 5:5, RVR1960). Pero ¿cómo puede ser? Hay una pieza del rompecabezas del pecado que el salmista no podía conocer cabalmente... la pieza que marca toda la diferencia para ti y para mí.

Romanos 6 nos dice lo que el salmista sabía que «la paga del pecado es muerte» (v. 23), pero también destaca que nuestro pecado requirió la muerte del Hijo perfecto de Dios, Jesucristo. Jesús murió la muerte que nosotras merecíamos. Pagó el precio que nos correspondía. Él es la razón de nuestra libertad. Es el regalo de Dios que conduce a la vida eterna (v. 23).

¡Esta sí que es razón para regocijarnos! Jesús pagó la deuda que jamás hubiéramos podido pagar por nuestra cuenta... era demasiado grande. Sí, sabemos que tenemos el poder del Espíritu para decir que no al pecado... ¡qué libertad! Pero, como nos recuerda el texto de más arriba, cuando pecamos (y vamos a pecar), Jesús ya cubrió ese pecado con Su muerte. Recibimos gracia incluso por el pecado que escogemos. Esta no es ninguna excusa para pecar, sino que es causa de gratitud y gozo saber que el Señor nos ama tanto.

Ahora debemos tomar esa libertad y esa gracia, y vivir de manera digna de este maravilloso evangelio. ¡Tenemos que cantarnos: «Sublime gracia del Señor»! No podemos hacerlo por nuestra cuenta; por eso mismo Dios nos entrega más y más de Él, para que podamos tener el poder y la libertad de resistir el pecado y un camino hacia delante desde nuestras decisiones pecaminosas.

Cuando dejamos de lado el pecado que se aferra a nosotras, nos volvemos más parecidas a nuestro Salvador. Esta es una historia de gracia. Pecamos una y otra vez. Pero, como Jesús murió por esos pecados, somos libres del castigo y del poder del pecado, y recibimos todo lo que necesitamos para parecernos más a Él. Como personas que hemos sido liberadas de las cadenas del pecado, estamos siendo santificadas... cada vez más similares a Cristo. Estamos siendo transformadas de un grado de gloria al siguiente (2 Cor. 3:18).

Así que, la próxima vez que te veas tentada a pecar, recuerda este regalo. No obedecemos para ganarnos el favor de Dios. El favor ya es nuestro y fue comprado a un precio. En cambio, obedecemos porque amamos a Jesús y este amor nos impulsa a la obediencia. Obedecemos porque hemos escogido el camino de la fidelidad, hemos decidido seguir a Aquel que siempre es absolutamente fiel a nosotras.

Esto nos recuerda las palabras del salmista. Aquel cuya alma estaba postrada en el polvo (v. 25) termina la estrofa adorando a Dios por un corazón divinamente ensanchado (v. 32, RVR1960). Médicamente hablando, un corazón ensanchado no suele ser una buena señal. La Clínica Mayo observa que un corazón ensanchado «no es una enfermedad, sino más bien una señal de otra afección». Ahora bien, un corazón espiritualmente ensanchado *sí* es una señal de buena salud, pero de manera similar, cuando Dios ensancha nuestro corazón, esto es una señal de otra «afección»: una que se logra al guardar Su Palabra, comprometernos a «[correr] por el camino de [Sus] mandamientos» y descansar en Su gracia. Vemos una referencia similar en 1 Reyes 4:29: «Dios le dio a Salomón sabiduría e inteligencia extraordinarias; sus conocimientos eran

[…] vastos…». Cuando le pedimos a Dios sabiduría y entendimiento, Él nos los da con generosidad (Sant. 1:5), lo cual hace que nuestro corazón se ensanche.

Esto es algo que todas deberíamos anhelar. Hoy podemos pedirle al Señor que ensanche nuestro corazón, para que ya no nos quedemos postradas en el polvo que lleva a la muerte y la angustia, sino que corramos hacia la vida y recibamos un corazón ensanchado y lleno de la verdad. Dios, quien se deleita en darnos cosas buenas y es infinitamente fiel, no dudará en hacerlo.

7. CORRO INCANDESCENTE

JANETTE...IKZ

Found
Laying lifeless
Face down
Choking on earth
Joined in oneness with dust
Dust which once formed me
O God,
Turn me over
Lifter of my head
Genesis life into these lungs
That I might inhale Revelation
Exhale eternity
Take hold of my chest
Firmly place your word

Begin compressions

Keep blood

Circulating within me

Defibrillate this heart

May it only be synced

To the rhythm of your word

Intubate my soul

May my mind never forget

I am

A contaminated river

Of lamentation

In need of cleansing

Make your incision,

Drain me of all infectious imitation

Transfuse your law within

I have chosen your treatment

At my bedside

Your prescription alone

Found

Conscious

Upright

Swallowing capsules of your goodness

Joined in oneness with your promising word

Let me stand on your righteous podium
Never acquainted with bowed heads of defeat
I run ablaze
Mount Sinai encased
In these veins
O, great physician
Your word has opened the valves of this once
griefconstricted
heart
I run in your commanded way
I run ablaze

Me encontraron
Sin vida
Rostro al suelo
Ahogada en el polvo
Unida con la tierra
El polvo del cual fui hecha

Oh, Señor,
Voltéame
Tú que levantas mi cabeza
Que estos pulmones reciban génesis de vida

Para que pueda inhalar revelación
Exhalar eternidad
Toma mi pecho
Coloca en él tu Palabra con firmeza
Comienza a bombear
Para que la sangre siga circulando
En mi interior
Desfibrila este corazón
Que lata solo en sintonía
Con el ritmo de tu Palabra
Intuba mi alma
Que mi mente jamás olvide
Que soy
Un río contaminado
De lamentación
Que necesita ser limpio

Realiza tu incisión,
Quita toda imitación infecciosa
Necesito una transfusión de tu ley
He escogido tu tratamiento
En mi cabecera
Tan solo lo que tú recetes

Me encontraron
Consciente
Derecha
Consumiendo la medicina de tu bondad
Unida a tu Palabra prometedora

Permíteme pararme en tu justo estrado
Que jamás baje la cabeza en derrota
Corro incandescente
Con el monte Sinaí presente
En estas venas

Oh, gran Médico
Tu Palabra ha abierto las válvulas de este corazón
Que estaba constreñido
Corro como tú mandaste
Corro incandescente

8. LOS ESTATUTOS DE DIOS, NUESTRAS RECOMPENSAS

AYANNA THOMAS MATHIS

En el Antiguo Testamento, hay una guerra constante a lo largo de la historia de la nación de Israel y es similar a nuestra lucha cotidiana.

Dios decidió amar a este pueblo, pero no debido a su tamaño ni a su poder (Deut. 7:7). No los amó gracias a su fidelidad ni a su autosuficiencia. Los escogió porque los amaba (Deut. 7:8). Y cuando Dios llamó al pueblo de Israel a seguirlo, dejó instrucciones y guía claras. Les dio Sus leyes y estatutos como una guía vertical que siempre los llevaría a Él. Los Diez Mandamientos debían servir como medios de gracia; señalarían al corazón de Dios para mantener a Su pueblo cerca de Él, mediante su obediencia y la necesidad de depender de Él al confiar en Sus planes de usar a sus líderes para ayudarlos. Estas leyes también servirían de guía horizontal que se transformaría en un testimonio ante aquellos que los rodeaban de cómo el Dios de Israel instaba a Su pueblo a caminar bien en Su mundo.

Dios deseaba que el pueblo de Israel considerara Sus leyes como algo bueno, diseñadas para mantenerlos a salvo del peligro pero también para mostrar a Dios como la mejor opción cuando se enfrentaran a muchas otras. La postura de su corazón era importante y sus corazones eran la sede de la batalla con el pecado que lucharía por sus afectos. Esta batalla solo podía ganarse si caminaban cuidadosamente con su Dios. Al aferrarse a Él, amar Sus caminos, andar por el sendero que había escogido para ellos y dejar de poner la mirada en cosas sin valor (Sal. 119:37), hallarían la verdadera victoria.

Hay una guerra visible en toda la historia de los israelitas y es una que nosotras conocemos demasiado bien. Es una batalla que no se pierde tanto al quebrantar un mandamiento de Dios, sino que más bien somos vencidas cuando nuestro corazón no se reorienta constantemente a contemplar a Dios y comprometer nuestra vida a Él. Es una batalla que se pierde cuando no vemos a Dios —y por lo tanto, a Sus leyes— como algo bueno.

Cuando separamos el amor de Dios de Sus leyes, nos transformamos en un pueblo que percibe los límites divinos como castigo, Sus restricciones amorosas como cadenas que esclavizan y Su Palabra como algo negociable.

No sé cómo será en tu caso, pero yo soy propensa a esto todos los días. Cuando la ansiedad se apodera de mí y soy culpable de exaltar las palpitaciones de mi corazón y mi pérdida de control por encima de Dios, reutilizo mi corazón como una herramienta de rebelión contra mi Dios. Cada lucha para crear mi propia realidad, cada pelea egoísta con un ser querido, cada momento de tentación de poner en pausa la negación a uno mismo es un momento de rebelión, pero también es una oportunidad de buscar el antídoto en la Palabra de Dios.

No es un antídoto que necesites buscar en las profundidades de la selva amazónica. Tampoco hace falta que hagas una introspección a las partes «más profundas» de ti misma para poder acceder a él. En cambio, lo encontramos de manera elocuente y permanente en el capítulo más largo de la Biblia: el Salmo 119.

En los versículos 33-40, el salmista demuestra que un corazón que está aferrado a la Palabra de Dios conduce a un discípulo perseverante, a la experiencia de obediencia y deleite, a una vida de acción, a una actitud de temer correctamente a Dios y a un anhelo de Sus preceptos.

EL DISCÍPULO PERSEVERANTE

En el versículo 33, el salmista pide que el Señor le enseñe el camino de Sus decretos, para poder cumplirlos hasta el final. Aquí se expresa algo hermosísimo sobre la Palabra de Dios. Un conocimiento correcto de Dios no solo nos atrae a una mayor intimidad con Él, sino que también nos ayuda a perseverar a pesar de nuestras dificultades. Y, por cierto, es imposible lograrlo por nuestra cuenta. El salmista reconoce esto y mira primero verticalmente a Aquel que puede darle el poder a Su pueblo para que aplique a la perfección Sus instrucciones a sus vidas. Cuando buscamos la guía de Dios, reconocemos que Sus caminos son justos y que necesitamos Su perspectiva.

Este versículo es un bálsamo para el alma: calma los temores, aquieta el corazón y nos desafía a mirar a Aquel que nos da todo lo que necesitamos, no al cambiar nuestras circunstancias sino al entregarse a sí mismo. No importa si el problema es que el peinado que viste hacer a algún gurú en YouTube no te quedó como esperabas para tu importante entrevista, o si se trata de tu experiencia de sufrimiento de alguna enfermedad autoinmune que ha tenido un impacto devastador en tu vida; la Palabra de Dios siempre nos recuerda que Él tiene la habilidad de llevar a Su pueblo hasta el final, sin importar cuán difícil sea el camino.

UNA EXPERIENCIA DE OBEDIENCIA Y DELEITE

Hay épocas en las que la Palabra de Dios puede parecernos bastante insípida. Tal vez las cuentas a pagar exceden tu ingreso, o hubo más explosiones de popó que pañales que te quedan para el resto de la semana y, francamente, no te queda margen para meterte en la Palabra. Cuando llegan estos trayectos difíciles en la vida, obedecer a Dios y deleitarse en Él puede resultarte antinatural, aun si hace años que caminas a Su lado.

¿Cómo puedes cumplir la ley de Dios con todo tu corazón y deleitarte en caminar según Sus mandamientos, como hace el salmista (vv. 34-35)?

Tienes que pedir. Cuando estás atrapada en medio de tu día e intentas abrirte paso entre los problemas y las circunstancias de la vida, tienes dos opciones. Puedes intentar racionalizar el porqué y el cómo de las cosas según tu propia sabiduría, o puedes pedirle a nuestro Dios un entendimiento que lleve a la santidad. La mejor parte es que Él siempre nos responde en el segundo caso porque, como nos recuerda el salmista, Su Palabra es verdad. Él nos llevará a honrarlo y a cumplir Su ley, y ayudará a nuestra mente a meditar con constancia en Sus verdades.

Lo hermoso de nuestro Dios es que nunca tendremos que preocuparnos porque nos diga que «no» a cuestiones que ya ha dicho que desea que hagamos o que seamos. Dios honrará nuestra humildad al expresar que necesitamos Su gracia. Desea que nos parezcamos cada vez más a Él, y así, nos dará abundante misericordia para ejercitar esos músculos espirituales a medida que navegamos por la vida. Nuestros caminos están pavimentados con la gracia de Dios. Llevan la marca de Su carácter. Nos guía y usa nuestra humilde obediencia para llevarnos a disfrutar de Él. Al igual que el salmista, podemos pedir que Él nos guíe según Sus mandamientos, para que podamos deleitarnos en ellos.

Podemos tener pañales limitados y cuentas apiladas, pero el Dios del cielo está listo para guiarnos según Su Palabra y nos permite deleitarnos en Él en toda época de la vida. Sencillamente, tienes que pedir.

UNA VIDA DE ACCIÓN

A veces, parece que todo compite por mi atención. Las interminables listas de cosas para hacer que deseo completar antes de que termine el día. Los episodios más recientes que me esperan en mi cuenta de Netflix. La pila de libros que quiero leer. A veces, hay tantas cosas que parecen más atractivas que leer mi Biblia.

Lo bueno es que el salmista no duda en reconocer la realidad de las limitaciones, el deseo de ir en pos de cosas sin valor y la tentación de intentar obtener una ganancia egoísta. Por eso, le pide al Señor que incline su corazón a los testimonios de Dios. Sabe que existe la tentación de ir en pos de sus propios deseos, los cuales pueden llevarlo a búsquedas egoístas. Por lo tanto, pide que sus ojos se aparten de las cosas vanas y que reciba vida en los caminos del Señor.

Hermanas, hay tantas cosas buenas y que honran a Dios en las que podemos invertir nuestro tiempo. Las listas de cosas para hacer, Netflix y las pilas de libros lindos no son cuestiones inherentemente pecaminosas. Dios proporciona la libertad de disfrutar de las cosas que tenemos aquí en la tierra. Sin embargo, no tenemos que sacrificar nuestra dependencia y nuestra búsqueda del Señor en el día para ir en pos de estas cosas.

El poder de conocer a Dios a través de Su Palabra vuelve a saltar a la vista en la vida de este creyente en los versículos 36-37. Cuando la Palabra de Dios entra en nosotras mediante un estudio dedicado y un compromiso con la aplicación correcta, el Espíritu nos ayuda a ver nuestros puntos ciegos y a dar los pasos necesarios para quitarlos. Solo la Palabra de Dios puede revelar que tenemos un problema de perder el tiempo en las redes sociales, que de otra manera negaríamos. Solo la Palabra de Dios puede hacer retroceder nuestro pecado para estimularnos a las buenas obras que Dios nos llama a hacer en Cristo por el poder del Espíritu Santo.

Solo la Palabra de Dios puede «apartar» nuestros ojos de las cosas que carecen de valor al compararlas con la fuente de agua vivificante de Jesucristo.

UNA ACTITUD CORRECTA DEL TEMOR DE DIOS

El comienzo de la sabiduría es el temor del SEÑOR;
conocer al Santo es tener discernimiento (Prov. 9:10).

En Twitter, el conocido artista musical Kanye West compartió lo que el temor de Dios significaba para él y por qué no está de acuerdo con el término o concepto. En su breve explicación, comunicó su visión de que el temor de Dios es «una mentalidad anticuada que se usaba para controlar a las personas», y argumentó que si Dios es amor y el amor es lo opuesto del temor, entonces no tiene sentido temer a Dios.

Bueno, Proverbios 9:10 nos dice que el principio de la sabiduría es ciertamente el temor del Señor. Nuestro salmista le pide a Dios: «Confirma tu promesa a este siervo, como lo has hecho con los que te temen» (Sal. 119:38). Este temor no quiere decir que tengamos miedo de Dios y del daño que puede llegar a causarnos. Es un temor que ve a Dios como bueno pero también como Padre y Creador que inspira reverencia, el cual actúa con poder a favor de sí mismo y de aquellos a los que ama, para el bien de ellos y para Su gloria. Un correcto temor de Dios no tiene nada que ver con una mentalidad anticuada. Un correcto temor de Dios nos lleva a amar y reverenciar a Dios, el cual es bueno y justo. Si afirmamos ser sabias pero no reverenciamos a Aquel del cual provienen la sabiduría y el conocimiento, nos estamos engañando.

Descansar y permanecer en la Palabra de Dios produce un temor correcto que proviene de una inclinación relacional, en lugar de una impersonal. Cuando conocemos íntimamente al Dios de la Biblia y Sus promesas para nosotras, nuestra experiencia con Él no será como la que tenemos con un primo lejano al cual nunca conocimos pero de quien hemos escuchado hablar mucho. Será una experiencia en la que confiamos, permanecemos y creemos en la persona que Dios nos ha revelado que es: Aquel que nos ama de manera incansable y que nos mantiene cerca.

Sin embargo, no se detiene allí. El salmista reconoce que hay y habrá momentos en los cuales la gente infiel lo influya a ver lo que Dios ha decretado bueno y justo como algo malo. Le aterra el oprobio (v. 39), no solo por parte del Señor, sino también de quienes lo rodean (vv. 22,42,51).

¿Acaso esto no nos habla a nosotras hoy? No es fácil caminar con Dios. Hay muchas tentaciones a nuestro alrededor para ver la vida fuera de Cristo como la más deseable; por cierto, la única meritoria. Nosotras también debemos caminar con la bondad de las reglas de Dios fijas en nuestra mente, a medida que transitamos por el mundo en el que vivimos pero al cual no pertenecemos (Juan 17:16).

UN ANHELO DE LOS PRECEPTOS DE DIOS

Al llegar al final de esta estrofa, vemos que el salmista declara que anhela los preceptos de Dios (v. 40). Pero ¿qué son los preceptos de Dios? ¿Y por qué deberíamos anhelarlos?

Los preceptos de Dios son sencillamente Sus mandamientos autorizados. El salmista considera que los planes soberanos de Dios son más deseables que cualquier otro resultado que podría idear para sí. Es sumamente importante que observemos esto. En respuesta a años de supresión de los derechos de la mujer, hoy en día hay muchos movimientos que impulsan a las mujeres a hacer cualquier cosa que su corazón desee. Aunque no tiene nada de malo que las mujeres quieran aventurarse en cuestiones que no solían estar disponibles para ellas en el pasado, es importante que nuestros deseos se apoyen en la autoridad de la Palabra de Dios. No queremos terminar corriendo detrás de todo viento de oportunidad y anhelar el éxito de nuestras empresas más que la obediencia a los preceptos de Dios.

Buscar primero el reino de Dios y Su justicia siempre producirá una obra y un compromiso vivificantes. Cuando nuestro corazón anhela los preceptos de Dios, nuestros negocios, hogares, familias, carreras, nuestra soltería y nuestro matrimonio —todo lo que nos venga a la mano para hacer— florecerá, en el sentido de que se usará para nuestro bien, para el bien del pueblo de Dios y para la gloria de Su Hijo.

Entonces, que el latido de nuestro corazón siempre refleje al Dios de la Biblia, el cual tiene el poder de enseñarnos el camino de Sus estatutos, inclinar nuestro corazón a Sus testimonios y permitirnos ver todas Sus reglas como algo bueno. *Señor, que estas palabras siempre estén en nuestros labios al caminar por esta vida, sabiendo que solo Tú puedes guiarnos por tu Espíritu, mediante tu Palabra. Amén.*

9. RESPONDER A LAS MISERICORDIAS DE DIOS

JAMIE R. LOVE

En 1971, la melodiosa voz de Marvin Gaye entonó las palabras: «*Mercy, Mercy Me!*» [¡Misericordia, misericordia para mí!]. En esta popular canción, Gaye denunciaba cómo el mundo había perdido el rumbo. El tema de la balada era el abuso y el mal uso del medio ambiente. Según Gaye, la humanidad se había vuelto una administradora negligente del mundo. Entonces, clamaba pidiendo «misericordia», tanto para él como para el mundo.

El salmista también clama por misericordia en esta sección del Salmo 119. Sin embargo, su clamor, aunque es similar al de Marvin Gaye, también es distinto. Marvin clamaba por la conservación de la comodidad de la criatura. El salmista oraba por la persistencia de la gloria de Dios. Esta oración por misericordia está impulsada por un temor santo. Tiembla al pensar que el Señor pueda quitarle Su favor. Por lo tanto, el salmista le pide a Dios Su gran misericordia (v. 41, RVR1960), y a cambio, le promete al Señor una vida valiente,

santa y dedicada comprometida a servirlo y a deleitarse en Él
(vv. 42,44-48).

William Cowper, un compositor del siglo XVIII, delineó
la estructura de estos versículos con una fabulosa elocuencia:

> *Toda esta sección consiste de peticiones y promesas. Las*
> *peticiones son dos; los versículos 41 y 43. Las promesas*
> *son seis. Esta es, entre muchas, una diferencia entre los*
> *hombres piadosos y los demás: todos los hombres buscan*
> *cosas buenas de parte de Dios, pero los malvados no*
> *le dan nada a cambio ni prometen ninguna clase de*
> *respuesta. Sus oraciones no prosperan porque proceden de*
> *un amor a sí mismos y no al Señor. Si llegan a obtener*
> *lo que necesitan, no se preocupan por darle al Señor lo*
> *que es para Su gloria; pero los piadosos, mientras buscan*
> *cosas buenas, también alaban a Dios cuando las reciben,*
> *y devuelven el uso de lo que han recibido a la gloria del*
> *Dios que se las dio. No buscan su propio bien sino que*
> *aman al Señor; y lo que buscan de Su parte lo buscan*
> *con este fin, que puedan servirlo mejor. Tengamos*
> *cuidado con esto porque es una clara señal que*
> *distingue a los que son verdaderamente religiosos*
> *de aquellos mentirosos [farsantes] y falsos.*[1]

---

1. Tomado de C. H. Spurgeon, *The Treasury of David* [El tesoro de
David], vol. 3, pág. 231.

LA PRIMERA PETICIÓN

> *Envíame, SEÑOR, tu gran amor [tu misericordia]*
> *y tu salvación, conforme a tu promesa* (v. 41).

El salmista necesitaba mucha misericordia y de muchas maneras. Al igual que Job, entendía que «pocos son los días, y muchos los problemas, que vive el hombre nacido de mujer» (Job 14:1). Por lo tanto, necesitaba la abundancia gratuita del favor de Dios. Las pruebas y las aflicciones son la norma desde la caída de Adán y Eva.

Nos hemos acostumbrado a pensar que las bendiciones prometidas a aquellos que viven de acuerdo a la Palabra de Dios necesariamente suponen alivio, comodidad y prosperidad. Sin embargo, es todo lo contrario. Aunque Dios sí promete que todo el que lo busca y se compromete con Su Palabra será bendecido, esa bendición no excluye las pruebas y las aflicciones.

Por lo tanto, querida lectora, cuando adversidades, aflicción, angustias, dudas, peligros, desánimo, temor, orgullo e incredulidad intenten obstruir tu camino, pídele al Señor que envíe Sus grandes misericordias para sustentarte y guiarte, de manera que en medio de las pruebas de la vida, puedas vivir «de manera digna del Señor, agradándole en todo. Esto implica dar fruto en toda buena obra, crecer en el conocimiento de Dios» (Col. 1:10).

Cuando te asedien los enemigos interiores; cuando te ataquen los enemigos externos; cuando la trinidad maligna del mundo, la carne y el adversario pongan su mirada en ti;

cuando tu pie casi tropiece en este mundo caído; cuando parezca que la Palabra de Dios está escondida de ti y sientas que estás «en medio de un mar sin una brújula, en un desierto sin guía alguna; y en un país enemigo sin alguien de tu lado»,[2] únete al salmista y ora la vieja canción «Ten misericordia de mí»:

¡Ah! Señor, ten misericordia.
¡Ah! Señor, ten misericordia.
¡Ah! Señor, ten misericordia.
Ten misericordia de mí.

Señor, que tus misericordias vengan a defenderme y rescatarme. Como eres un Dios de múltiples misericordias, que pueda ver mis oraciones respondidas pronto.

La salvación de Dios es la suma y la corona de todas las misericordias, la liberación del mal, ahora y para siempre. El salmista sabe que se trata de «tu salvación», adjudicándosela toda a Dios. ¡Nuestro Dios es el Dios de la salvación! Y esa salvación se nos ha aparecido en la persona de Jesucristo (Tito 2:11-14). Él es indudablemente la fuente inagotable de la misericordia de Dios. ¡Qué plenitud de misericordias se apilan en la salvación de Jesucristo! En Él, Dios envía misericordias para separarnos para la salvación; misericordias que nos conducen a la salvación; misericordias que nos ayudan a caminar en salvación y misericordias que nos llevan a salvo a la

2. The Treasury of David, vol. 3, pág. 172

gloria. Jesús vino a traernos misericordias demasiado numerosas como para contarlas, invalorables, de infinitas aplicaciones y de resistencia eterna.

Este camino de salvación se describe en la Palabra. La salvación se promete en la Palabra y su manifestación interior está forjada por la Palabra. De manera que en todo sentido, la salvación que es en Cristo Jesús está de acuerdo con la Palabra.

LA SEGUNDA PETICIÓN

No me quites de la boca la palabra de verdad,
pues en tus juicios he puesto mi esperanza (v. 43).

El salmista le pide al Dios misericordioso que nunca lo deje llegar a un punto en la vida en el cual no pueda dar testimonio de la verdad ni avergonzarse de mencionar la Palabra de Dios.

Querida lectora, ¿alguna vez te sentiste incapaz de testificar sobre la verdad debido a fracasos pasados? Te arrepentiste y Dios te perdonó, pero todavía hay cicatrices.

No estás sola. Hace muchos años, consumida por mis propias ambiciones académicas y profesionales, me perdí una oportunidad de evangelizar a una joven que consideraba mi amiga. Pasábamos cientos de horas juntas estudiando, yendo de compras y soñando con nuestras carreras futuras. Compartíamos todo menos una conversación sobre Cristo. Todavía me sobreviene un remordimiento cuando recuerdo cómo razonaba en ese entonces: «Ya tendremos tiempo para el evangelio más adelante…».

«Más adelante» nunca llegó para mi amiga. Murió de forma repentina. Me quedé sentada en su funeral, abrumada por el dolor y la vergüenza, mientras el adversario se burlaba de mí y me decía: «¡Tuviste tu oportunidad! ¡No se puede confiar en ti! ¡Se te acabaron las oportunidades de predicar el evangelio!».

Pero ¡alabado sea Dios! En medio de mi culpa, Él envió una multitud de misericordias para que yo no cayera de cabeza a la desesperación. Me afligió con gracia, me reconfortó plenamente y produjo una mayor obediencia en mí. Las misericordias de Dios llenaron mi boca de Su Palabra y me pusieron en un camino hacia muchas oportunidades para predicar el evangelio, encendida con un fuego santo que sigue ardiendo hasta el día de hoy. Aprendí a decir: «Antes de sufrir anduve descarriado, pero ahora obedezco tu palabra» (v. 67).

LAS SEIS PROMESAS

Así responderé a quien me desprecie,
porque yo confío en tu palabra (v. 42).

El salmista promete permanecer con confianza y valor frente a la oposición. Este compromiso con la Palabra de Dios y con el Dios que está detrás de esa Palabra sirvieron como el pilar para el pueblo de Dios frente a la oposición a lo largo de la Escritura (ver Luc. 21:15; Ef. 6:17b; 1 Ped. 3:15).

Siempre podemos tener algo con lo cual responder a las burlas vulgares de nuestros enemigos (adentro y afuera) porque Dios nunca defrauda a aquellos que ponen su confianza en Él. En el fragor de la batalla, ni la filosofía ni la ciencia ni la retórica alcanzarán. Al contender contra los poderes de la oscuridad, «la espada del Espíritu [...] es la palabra de Dios» (Ef. 6:17b). «Escrito está» es nuestro golpe maestro.

En la vida, abundará la oposición que nos ataque. Recuerdo enfrentarla cuando decidí que era hora de dejar el mundo corporativo profesional y volver a casa. Era una transición enorme para mí porque me había esforzado muchísimo por alcanzar un alto grado de éxito y respeto. Tampoco era que no estuviese sirviendo con fidelidad al Señor en el trabajo. Predicaba el evangelio, y el Señor había usado con gracia mi testimonio para llevar a una de mis más queridas amigas del trabajo a la fe en Jesús.

Sin embargo, sentía una inquietud en el corazón y en el alma. El Señor tenía otras cosas con las cuales deseaba que me ocupara. Cosas como pasar más tiempo en preparación y en la enseñanza de la Palabra de Dios, educar a mis nietos en casa y ocuparme de familiares enfermos. No podía meterme de lleno en esta clase de ministerios mientras dedicaba tanto de mí a otra profesión. Bajo la guía del Espíritu Santo y el consejo de los ancianos de la iglesia, mi esposo y yo tomamos la decisión de que me jubilara muy temprano.

¡Ahí empezaron las burlas, las provocaciones y una abierta oposición! ¿Qué podría ser más importante que el prestigio y la recompensa financiera que acompañan una carrera profesional exitosa? «¿Cómo puedes abandonar todo lo que te esforzaste tanto por lograr en el sumun de tu carrera?». «¡¿Que quieres pasar tiempo haciendo qué?!». «¡Toda la preparación y la enseñanza bíblica del mundo jamás te redituarán lo mismo que estás ganando!». «¿Cómo puedes dejar tanto por tan poco?».

Bueno, ya pasaron 16 años desde la primera vez que me puse aquellos tacones azules oscuros y tomé mi planeador diario (soy de la vieja escuela), y el Señor ha sido fiel. ¿Qué me mantuvo en pie estos 16 años? La Palabra de Dios. Confiar en la Palabra de Dios es la respuesta a las provocaciones, las burlas y la oposición. Su Palabra es indudablemente el pilar para las personas que se comprometen con Él.

¿La Palabra de Dios es tu pilar? ¿Respondes «escrito está» a las provocaciones, las burlas y la oposición de adentro y de afuera? ¿Confías de verdad en Su Palabra?

Por toda la eternidad obedeceré fielmente tu ley (v. 44).

El salmista promete dedicarse al estudio de la Palabra de Dios hasta el fin de su vida. No solo la fidelidad del Señor abre nuestra boca contra Sus adversarios, sino que también une nuestro corazón a Él en asombro y adoración. Que jamás perdamos nuestro amor por la Escritura. Que el tiempo no produzca frialdad, ni una indiferencia por exceso de familiaridad. Peleemos continuamente por el amor a la Palabra en nuestros corazones, hogares, iglesias y comunidades. Solo la misericordia de Dios puede permitirnos guardar Sus mandamientos sin descanso y hasta el final.

Viviré con toda libertad, porque he buscado tus preceptos (v. 45).

El salmista promete esforzarse siempre por conocer la mente de Dios y conformarse a ella. Afirma que la Palabra guiará sus pasos. Le interesan los preceptos de Dios; tanto su estudio como su aplicación a la vida (ver v. 2,94,10,155). La recompensa por este interés en los preceptos de Dios es una calma y un caminar sereno que no se ven afectados por los adversarios, que están libres de toda carga y con un amplio margen para vivir sin temor. Como dijo nuestro Señor: «Si vosotros permaneciereis en mi palabra, [...] conoceréis la verdad, y la verdad os hará libres» (Juan 8:31-32, RVR1960).

> *Hablaré de tus estatutos a los reyes y no seré*
> *avergonzado* (v. 46).

El salmista promete audacia para proclamar los testimonios de Dios: *La Palabra dirigirá mi boca*. Está libre del temor a las personas más grandes, orgullosas e influyentes. Ahora, posee lo que había pedido (v. 43). Como resultado, se levantará y hablará para Dios. No se quedará callado.

> *... pues amo tus mandamientos,*
> *y en ellos me regocijo* (v. 47).

El salmista promete deleitarse en la Palabra de Dios. La Palabra controlará su mente. El salmista hallaba tal satisfacción en los mandamientos de Dios que nada le resultaba más agradable que transformarlos en su tema constante de meditación. Junto a la libertad y el valor está el deleite. Cuando cumplimos con nuestra tarea, encontramos una gran recompensa en ello.

Yo amo tus mandamientos, y hacia ellos elevo mis manos; ¡quiero meditar en tus decretos! (v. 48).

El salmista promete buscar con empeño la Palabra de Dios, por el bien de su carácter y su conducta: *La Palabra informará y ocupará mi corazón.* Nunca puede meditar demasiado en la mente de Dios. Extender las manos para agarrar algo y disfrutarlo indica que lo deseamos con todo nuestro ser. ¿Amas la Palabra de Dios? Entonces aplícala con hechos y de verdad.

Dichoso es aquel que lucha hacia arriba y estudia en profundidad, que se para con las manos extendidas hacia arriba tanto para recibir la bendición como para obedecer el precepto.

SEIS PROMESAS PARA TI

Una de las frases más memorables de la canción *Mercy, Mercy Me!* es: «Las cosas no son lo que solían ser». Las palabras de Marvin Gaye eran correctas (aunque no en el sentido en que las dijo) en cuanto al cristiano. Cuando la misericordia de Dios invade nuestra vida, ya nada es igual.

Cuando Dios te envía Su corona de misericordias en Cristo e ilumina Su Palabra para ti, prometes junto con el salmista:

1. *Permanecer* con confianza y valor frente a la oposición.
2. *Dedicarte* al estudio de la Palabra de Dios hasta el fin de tu vida.

3. *Esforzarte* por conocer la mente de Dios y conformarte a ella.
4. Proclamar *con audacia* los testimonios de Dios.
5. *Deleitarte* en la Palabra de Dios.
6. *Buscar* la obediencia a la Palabra de Dios, por el bien de tu carácter y tu conducta.

¡Con esto, querida lectora, silenciarás a tu peor enemigo, encontrarás tu mayor deleite y glorificarás a nuestro gran Dios!

10. LIBERTAD DE EXPRESIÓN PARA TI, DE SU PARTE

CHRISTINA EDMONDSON

Hablaré de tus estatutos a los reyes
y no seré avergonzado,
pues amo tus mandamientos,
y en ellos me regocijo.
Yo amo tus mandamientos,
y hacia ellos elevo mis manos;
¡quiero meditar en tus decretos!

(Sal. 119:46-48).

DIOS NOS HABLA

Me encanta hablarles a los bebés recién nacidos y ver sus ojitos grandes y brillantes. Sabemos que el cerebro de un bebé está en continuo aprendizaje para entender un idioma, pero eso no impide que les cantemos y les relatemos historias al interactuar con ellos. A pesar de su estado evolutivo, nos comunicamos con ellos apuntando a lo que llegarán a ser. Lo que decimos ahora es un reflejo de una esperanza que todavía no se ha cumplido. Por esta razón, un buen padre habla con esta esperanza, corrección y guía, incluso cuando el hijo no entiende plenamente. De la misma manera, la Palabra de Dios y sus ecos en nuestra vida son una gracia para nosotros. Me asombra que Dios nos hable incluso cuando está claro que no entenderemos cabalmente. La Palabra de Dios les habla a las personas cuyo desarrollo espiritual suele estar en su infancia. Sin embargo, nuestro Padre celestial condesciende y nos habla con palabras, historias y canciones para que sepamos quién es Dios, entendamos quiénes somos y veamos a nuestro prójimo por lo que es.

Dios nos llama por nuestro nombre, nos comparte destellos de Su voluntad y sostiene en alto un espejo, para que podamos arrepentirnos y resistir el pecado. La Palabra de Dios es la que nos limpia y nos moldea por el Espíritu para que seamos instrumentos del amor ágape, un amor sacrificado y centrado en los demás. Como sal y luz, nos esforzamos para frenar de manera redentora el deterioro de un mundo moribundo y compartir la luz de la gracia frente al pecado, la desigualdad y la injusticia. Dios nos habla a través del testimonio de la creación, pero nos habla en forma redentora en la reverenciada Palabra de Dios «interpretada rectamente». La Palabra de Dios para Sus hijos es como el sonido de un padre amoroso que nos llama desde el nacimiento a medida que crecemos a la imagen de Cristo.

DIOS TE HABLA EN FORMA ESPECÍFICA

Como mujer de color que vive en Estados Unidos, tengo muchas historias donde me sentí invisible o demasiado expuesta. Tal vez te sientas identificada con esto. Sin embargo, encuentro ánimo, paz y un sentido de pertenencia en la verdad de que Dios me habla mediante Su Palabra. Otros tal vez no vean el valor de mi voz ni me consideren digna de escuchar la de ellos, pero no es el caso con Dios. Dios nos habla a través de Su Palabra de maneras que repercuten en la plenitud de lo que somos. Inclina Su oído a las oraciones, los lamentos y los sueños de todos Sus hijos. El Dios divino e incomprensible de toda la creación se ha acercado a nosotras de maneras accesibles para nuestra comprensión cultural y cognitiva.

El Salmo 119 sirve como un himno musical sobre las maravillas de la Palabra de Dios. Considera su adaptabilidad melódica, su rica sabiduría y sus verdades sólidas. El Salmo 119 muestra a Dios, el Padre que todo lo anticipa, que instruye y le permite al salmista amar y obedecer la voluntad y la Palabra de Dios. Aquí podemos vislumbrar apenas lo que nos dice sobre el poder de la Palabra de Dios.

Nos dice cómo los jóvenes pueden perseverar en la santidad... a través de la Palabra de Dios (v. 9).

Nos dice cómo superar el desdén de los calumniadores... a través de la Palabra de Dios (v. 22).

Nos dice cómo cobrar fuerzas cuando estamos cansadas... a través de la Palabra de Dios (v. 28).

Nos dice cómo ver las cosas importantes y concentrarnos en ellas... a través de la Palabra de Dios (v. 37).

Nos dice cómo caminar en libertad… a través de la Palabra de Dios (v. 45).

Nos dice dónde encontrar nuestra verdadera porción solamente en Dios… a través de la Palabra de Dios (v. 57).

Nos dice cómo ver de manera sobria la mano redentora de Dios en medio de nuestras aflicciones y dar gracias igualmente… a través de la Palabra de Dios (v. 71).

Dicho de manera sencilla, el salmista canta sobre la capacidad de Dios para sostener, corregir, dirigir y restaurarlo, y por extensión, muestra lo que Dios hace por aquellos amados en Cristo. La Palabra de Dios te sostiene con la misma seguridad con la que creó este mundo y lo sustenta incluso ahora. Sentirnos conocidas y amadas por alguien que tiene verdadero poder nos da una sensación de seguridad para ser y hablar. Al igual que los hijos terrenales de los reyes, caminamos con la cabeza un poco más alta, al saber que representamos a un reino noble en el cual nuestra ciudadanía no está garantizada por nuestra propia justicia, sino que el Rey de amor la sustenta. Lo que nos lleva a arrepentirnos con humildad, a servir en forma sacrificada y hablar con audacia no es una estrategia de autoayuda, sino un verdadero empoderamiento impulsado por el evangelio.

LOS CRISTIANOS SON LIBRES EN CRISTO PARA PODER HABLAR

El cristiano, bautizado en Cristo, lleno del Espíritu de Dios y llamado de la oscuridad a la luz maravillosa por la voluntad del Padre, ha sido liberado. La libertad es central en la vida cristiana, pero no es como la libertad de la que se habla en una clase de educación cívica en la escuela, o como la que debaten los presentadores partidistas de noticias. Más bien, esta libertad que el Salmo 119 destaca, nos libera para hablar la verdad, amar de manera correcta y obedecer voluntariamente.

Nuestra esclavitud fuera de la mano eficaz de la obra redentora de Cristo nos dejó hostiles ante Dios, buscando derrocar el trono legítimo de Dios, incluso mientras intentábamos abrirnos paso con arrogancia hacia la salvación. Esta esclavitud nos consumía con nuestros propios pensamientos fastidiosos de egolatría, mientras buscábamos ser dioses sobre nuestras vidas y las de los demás, o transformábamos a aquellos con influencia social en nuestros dioses, y anhelábamos su validación. En lugar de la Palabra de Dios, las mentiras del enemigo nos gobernaban y llenaban nuestra mente y nuestro corazón. El evangelio nos lleva de anhelar escuchar palabras de aprobación de los poderosos a anunciarles palabras de verdad. La libertad ganada por Cristo incluye tanto la belleza del descanso como el mandamiento de abrir nuestra boca para proclamar la gracia y la justicia de Dios, las cuales hablan al presente y al futuro eterno.

El cristiano liberado, lleno del poder de las preciosas palabras de Dios, quiere conocer la respuesta a esta gran pregunta del libro de Miqueas: «¿Y qué es lo que demanda el Señor de ti […]?». El mismo cristiano liberado es conducido por el Espíritu a escuchar la respuesta: «practicar la justicia, amar la misericordia, y andar humildemente con tu Dios» (Miq. 6:8, LBLA).

Entonces, ¿acaso aquellos que son libres en Cristo deberían preocuparse por los que son esclavos de sistemas y principados de injusticia? Por ejemplo, los ojos santificados ven cómo el pecado de la lujuria alimenta la misoginia, la avaricia y el tráfico humano. El cristiano liberado anhela verse a sí mismo, al prójimo y al enemigo libres para usar todos los dones dados por Dios para proclamar las excelencias de nuestro Señor justo, santo y misericordioso. Si todo el pecado es, en última instancia, sistémico y trascendental y lo ha sido desde el momento de la caída, el cristiano no puede ser tan inflexible y concentrarse solo en resistir los pecados «personales» o privados.

Se podría decir que vemos esto mejor ilustrado en los relatos de la iglesia perseguida y la iglesia de color históricamente esclavizada y subyugada en Estados Unidos. Aun con las cadenas terrenales, las voces y el legado de aquellos cristianos es un ejemplo para nosotras de la resistencia a la herejía de la deshumanización sistémica. Una postura de esta clase de resistencia a toda clase de pecado nos llevará a las esquinas de las calles y a los despachos ovales. Porque, como Dios nos ha llamado por nombre y sigue hablándonos como en un eco profético y santificador, nosotras debemos hablar cuando se nos llama a hacerlo.

Soy descendiente de personas que sufrieron abusos en el tráfico transatlántico de esclavos. Para mí, la libertad no es una idea abstracta ni un ardid para el avance personal. La libertad es más que una promesa de lealtad nacionalista o un intento de obtener un beneficio en los impuestos. En definitiva, la libertad incluye la habilidad de reivindicar plenamente la humanidad que Dios me dio. La Palabra de Dios es la que corrige de manera más contundente las afirmaciones herejes sobre la inferioridad de las mujeres y las personas de ascendencia africana. Los diarios de esclavos africanos que estimaban «la Biblia dentro de la Biblia» —la verdad revelada de la creación de Dios de una raza y de muchos grupos culturales diversos para Su gloria— revelan la verdad indestructible que acalla a los que usan la Escritura desvergonzadamente para enseñorearse sobre sus prójimos. La Palabra de Dios y su verdad silencian las mentiras de los intolerantes y los machistas del pasado y el presente. La Palabra de Dios silencia las dudas dentro de nuestro propio corazón sobre la plenitud de la identidad y los dones que Dios nos dio. La Palabra de Dios nos hace libres de verdad.

HABLAMOS A OTROS

Como miembros del sacerdocio de creyentes (ver 1 Ped. 2:9-10), podemos interceder a través de la oración y el sacrificio personal a favor de nuestro prójimo. A través de Su acto de amor salvador, Jesús nos mostró que a veces debemos estar preparadas para sacrificar nuestra propia comodidad, nuestros deseos o nuestra voluntad por algo superior. Esto nos señala a la cruz. Como aquellas que reinaremos con Cristo el Rey, ocupamos con humildad el rol de la persona que busca la justicia y la paz incluso ahora. Esto apunta a la resurrección que aseguró nuestra paz y nuestra eternidad. Como personas llenas del Espíritu, profetizamos la Palabra de Dios con humildad y sin restricción al mundo, sin importar cuál sea nuestra condición social o la de nuestro prójimo. Esto habla del regreso de Cristo para reunir a un pueblo de toda tribu, lengua y nación. Los cristianos —aquellos que comparten la unción de Cristo— viven como profetas, sacerdotes y reyes.

El Rey de reyes ha venido a nosotras con el poder de gracia y verdad, y por esto podemos ir a los reyes terrenales con el poder de gracia y verdad. El Salmo 119:46 enfervoriza esta idea.

> *Hablaré de tus estatutos a los reyes y no seré*
> *avergonzado.*

El salmista declara que hablará la Palabra de Dios ante los gobernantes. Es cierto que los reyes terrenales son designados según la providencia del Dios soberano, pero también es cierto que el pueblo de Dios es llamado a hablar los «estatutos de Dios» a estos gobernantes. Desde faraones hasta reyes y presidentes, no despreciamos su posición, pero no nos paramos ante ellos con temor ni vergüenza. Nuestro Padre celestial es el verdadero Rey, y eso nos lleva a ver a los hombres de manera adecuada, sin importar cuál sea su condición social. Además, anhelamos que ellos también tengan la libertad de amar correctamente y obedecer voluntariamente al Dios que tiene todo poder.

Esta verdad es de particular importancia para aquellos que suelen ser silenciados por las voces de la duda, tanto en su interior como en el exterior. Todos los creyentes hablan los estatutos de Dios como un testimonio de que Dios nos ha hablado a través de Su Palabra.

Con reverencia, tenemos que elevar nuestra voz temblorosa para enderezar los caminos torcidos. El versículo 46 nos señala que, si estamos en Cristo, no seremos avergonzadas. Cristo no solo llevó sobre sí nuestro pecado en la cruz, sino también nuestra vergüenza.

Imagina qué dirías sobre la gloria de Dios si vivieras sin vergüenza ni temor.

En la cruz, Cristo nos transformó en Su misión justa, y de este lado de la gloria nosotras, las redimidas del Señor, cumplimos la Gran Comisión —ir y hacer discípulos a todas las naciones— mediante la presencia y el poder del Espíritu (Mat. 28:18-20).

Los reyes y los gobernantes suelen intimidarnos y dejarnos con una sensación de temor y frustración. La Escritura y la historia mundial muestran diversos retratos de reyes, jueces y gobernantes que cumplen la función de guerreros, coordinadores, reformadores y ejecutores de justicia y venganza. Poseen un poder posicional y recursos que nos impactan de manera directa. Pueden poner en riesgo nuestra reputación, nuestro cuerpo y nuestra vida. Parecería natural temer y sobreestimar a los gobernantes. Sin embargo, somos las personas mejor equipadas para correr el riesgo de hablar los estatutos de Dios incluso ante los líderes más endurecidos.

En el Salmo 119, las manos, el corazón y la mente del salmista son formados por la Palabra de Dios. ¿Imaginas cómo sería que la Palabra de Dios formara todo lo que eres para

Su gloria y por tu bien? Esta transformación por la Palabra tiene repercusiones prácticas para nosotras cuando hablamos a aquellos en posiciones de poder sobre la santa voluntad de Dios. La Palabra de Dios nos humilla y nos deja en evidencia. Esto nos ayuda a actuar con cuidado y atempera los deseos que tenemos de «denunciar la verdad ante el poder», lo cual solo sirve para darnos a conocer y usar el nombre de Dios en vano. Debemos proclamar la voluntad y las palabras de Jesús a Su manera. El Salmo 119:46-48 nos recuerda la libertad de proclamar públicamente aquello que es bueno a la parte más alta y más baja de la jerarquía social (v. 46), de aferrarnos al deleite interior y sustentador que produce la Palabra (v. 47) y de responder a la Palabra de Dios en nuestra vida con una obediencia en la práctica (v. 48).

Alabado sea Dios por hablarnos y equiparnos para hablar de Él a los demás.

11. EL CONSUELO
DE LA PALABRA

ELODIE QUETANT

¿Alguna vez perdiste la confianza en Dios? Yo sí. Sentí como si un globo se desinflara rápidamente en mi pecho. Mientras intentaba con desesperación encontrar algún pasaje bíblico en mi mente que me diera esperanza, el nivel de aire de mi fe se agotaba y de repente fue demasiado tarde... mi corazón decidió culpar a Dios. Nunca antes me había pasado esto. Incluso en medio de las peores circunstancias de la vida, había tenido fe en que Dios me veía y me escuchaba.

Esta vez no.

Muchas veces escuché a otros que habían caído en este pozo y de alguna manera sabía que no saldría ilesa el día en que la incredulidad viniera a buscarme. Sin embargo, mi fe en el cuidado de Dios no se desvaneció en medio de las ruinas de uno de mis sueños joviales, como siempre había imaginado. No. Decidió abandonarme en medio de una noche invernal, mientras miraba a mi madre calcular mentalmente cuánto tiempo tenía antes de que le quitaran el auto.

Y como una madre que intenta agarrar a su hijito antes de que se dispare corriendo, yo me aferré a los últimos vestigios de mi fe y balbuceé una palabra de ánimo. «Todo estará bien, mamá; tan solo ora». No estaba del todo convencida de que la oración ayudaría, pero razoné que sería más fácil sobrevivir a mi propia desconfianza que a la de mi mamá.

Ser criada por una madre soltera tiene sus desafíos. A menudo, es una crianza caracterizada por faltas: falta de comida, falta de ropa. Y esta era tan solo otra instancia de no tener lo suficiente. Recién cuando fui a caminar un poco, recordé las palabras de mi precioso Señor: «No se preocupen por su vida» (Mat. 6:25). Este recordatorio fue como un bálsamo para una herida. A continuación, los versículos 31-32 vinieron a mi rescate: «Así que no se preocupen diciendo: "¿Qué comeremos?" o "¿Qué beberemos?" o "¿Con qué nos vestiremos?" [...] el Padre celestial sabe que ustedes las necesitan. Más bien, busquen primeramente el reino de Dios y su justicia, y todas estas cosas les serán añadidas». Esto me recordó que Dios sí me ve y tiene en cuenta todas mis necesidades. Esta palabra me reconfortó y avivó mi fe durante meses.

SU MANO FUERTE

Recuerdo esa vez en mi vida cuando leí las palabras del salmista en el Salmo 119:49:

Acuérdate de la palabra que diste a este siervo tuyo,
palabra con la que me infundiste esperanza.

La esperanza firme de David estaba en aquello que Dios le aseguraba. Como Dios mismo era el que prometía, David podía proclamar con audacia: *Tú lo dijiste, Señor. Ahora, acuérdate de mí.* Si Dios lo había dicho, entonces estaba garantizado.

En los momentos en que nos sentimos invisibles, podemos contrarrestar esos sentimientos volátiles que nos dicen que no importamos con la verdad de que Dios jamás nos dejará ni nos abandonará (Heb. 13:5). Cuando las desilusiones de la vida nos agobian, podemos recordar que Dios es el que levanta nuestra cabeza (Sal. 3:3). Cuando sentimos que vamos por la vida solas, podemos saber que Dios es quien nos ayuda (Isa. 41:10).

Dios también nos da esperanza en Su Palabra. Sabe que podemos contar con Él, y con amor amarra nuestro corazón a Sus promesas.

La esperanza frustrada aflige al corazón (Prov. 13:12), pero el Señor renueva nuestra esperanza y la cumple con gracia. Elige alguna promesa de Dios y aférrate a ella con todo tu ser, sabiendo que, a medida que lo hagas, Sus manos fortalecerán las tuyas.

La Palabra reconfortante de Dios no solo produce esperanza, sino que también trae vida. Considera Isaías 55:10-11:

> *Así como la lluvia y la nieve descienden del cielo, y no vuelven allá sin regar antes la tierra y hacerla fecundar y germinar para que dé semilla al que siembra y pan al que come, así es también la palabra que sale de mi boca.*

La Palabra de Dios riega, sustenta y revive nuestro corazón. Es lo único que sacia nuestra sed. Sus promesas nos hacen crecer y hasta impregnan a los que nos rodean, si se los permitimos. Ah, ¡cuántas bendiciones nos perdemos cuando no estamos en comunión habitual con nuestro Dios!

El consuelo de David en su aflicción era justamente este: la Palabra de Dios, la cual revive lo que está muerto. Las promesas del Señor probaron ser ciertas para un muchacho que huía de un rey sediento de poder (1 Sam. 21–31). ¿Puede nuestro corazón permanecer endurecido hacia el mismo Dios que llama a los cielos y la tierra a permanecer unidos (Isa. 48:13)? ¿Puede nuestra alma permanecer ansiosa cuando Cristo, que murió por nosotras, nos manda a no tener miedo y creer nada más (Mar. 5:36)?

RECUERDA, RECUERDA

Como si nuestras burlas interiores y caprichos infantiles no fueran lo suficientemente malos, a los cristianos los sermonean de muchos lados. Los intelectuales pretenciosos teorizan para probar que nuestro Dios es falso. Los autodenominados gurús «espirituales» nos instan a confiar en nosotras mismas, en el dinero o en algún dios falso que hace promesas falsas y después no cumple ninguna. Nuestros propios familiares tal vez argumenten que el cristianismo es algo arcaico. Sin embargo, hemos probado y visto que el Señor es bueno (Sal. 34:8). Sabemos que solo Cristo tiene palabras de vida eterna (Juan 6:68). Así que no permitas que las burlas te lleven a desviarte del camino angosto. Si tropezamos, tropecemos para adelante. Si nos detenemos un momento, que sea en medio de una comunidad amorosa que nos anime a seguir avanzando.

En medio de las burlas del mundo y de nuestro clamor por respuestas, que podamos tener la misma determinación que el salmista en el Salmo 119:51: no alejarnos de lo que sabemos que es verdad, la Palabra de Dios. Elisabeth Elliot declaró una vez: «La fe no elimina las preguntas. Pero sí sabe adónde llevarlas». Que se pueda decir eso de nosotras.

Sé que Dios permite ciertas cosas en nuestras vidas para que aprendamos, crezcamos en sabiduría y nos parezcamos más y más a Cristo. Sin embargo, en esos momentos, quisiera tener las respuestas a la mano. Razono que podría aprender una lección profunda o descubrir una dulce verdad de Dios al observar el sufrimiento de otra persona. ¿Por qué debo hacerme amiga de las dificultades?

¿Por qué nos preocupamos antes de confiar? Porque no llevamos la Palabra de Dios en nuestro corazón tanto como deberíamos. En el versículo 52, el salmista exclama: «Me acuerdo, SEÑOR, de tus juicios de antaño, y encuentro consuelo en ellos». Aquí es donde podemos hallar consuelo; pero este consuelo se nos escapa si no recordamos las obras del Señor.

El Señor es grandioso (Sal. 104:1), pero esta es una verdad que los israelitas olvidaron mientras estaban en el desierto (y a lo largo de su historia). No se acordaron de que Dios había abierto el Mar Rojo para que ellos cruzaran, mientras se quejaban por la falta de carne en el desierto. Vieron cómo los cuerpos de los egipcios, sus antiguos opresores, llegaban flotando a la costa... y aun así, siguieron quejándose por el estado del agua que tenían para beber. Al ver esto, me asombro y sacudo la cabeza. Y después, hago lo mismo. ¿Me quejaré también por el pan, cuando Dios me ha dado toda bendición espiritual en Cristo (Ef. 1:3)? Es un camino peligroso porque la falta de memoria pronto le da paso a la falta de fe. Thomas Watson, predicador y autor, dijo una vez: «Si la Palabra no permanece en la memoria, no puede prosperar». Recordemos que Dios estuvo presente cuando lo necesitábamos, y volverá a estar.

FURIA Y CANCIONES

A veces, olvidar la Palabra de Dios viene seguido de un abandono de la Palabra. Y un gran mal viene de aquellos que desprecian los mandamientos de Dios. En el versículo 53, vemos la respuesta de David a esto: la furia.

Nosotras también podemos sentir un enojo justo ante los malvados. Debería horrorizarnos lo que hacen los que abandonan la Palabra de Dios. Pero a veces, no es así. Tal vez sea el roce constante con el mal que ha enfriado nuestro odio justo del pecado contra Dios. Si tu alma no se lamenta habitualmente por el pecado que te rodea y que está en ti, detente a considerar la luz y la santidad del Dios todopoderoso. El mal que nos rodea es descarado. La maldad de los que desprecian los caminos de Dios es vil. El pecado desenfrenado y sus efectos se repiten en ciclos en los programas de noticias de nuestra época. Si vas por la calle, puedes ver la depravación de la humanidad a plena luz. Y eso debería movernos a la furia.

Sabemos que este mundo no mejorará con el tiempo, y esto me angustia. Los juicios y las obras malvadas del mundo, así como las idas y venidas de mi corazón rebelde, son más evidencia de que este no es mi hogar. Espero el regreso de Cristo con toda el alma, más que los centinelas a la mañana. No hay nada que calme mi malestar en estos momentos de angustia como una canción en mi alma. David se refiere exactamente a esta sensación y este malestar en el versículo 54: «Tus decretos han sido mis cánticos en el lugar de mi destierro».

Me recuerda lo que dijo Frederick Douglass de las canciones de los esclavos:

Eran tonadas fuertes, largas y profundas; exhalaban la oración y la queja de almas que hervían en la angustia más amarga. Cada tonada era un testimonio contra la esclavitud y una oración a Dios pidiendo libertad de las cadenas.

Douglass continúa:

Los esclavos cantan más cuando más infelices se encuentran. Las canciones del esclavo representan las angustias de su corazón; y les producen alivio, tal como un corazón dolido se alivia con las lágrimas.
(Relato de la vida de Frederick Douglass, un esclavo estadounidense, págs. 11-12).

Hay circunstancias en la vida donde la única opción para atravesarlas es cantar. Eleva tu voz y canta… permite que tu adoración y petición a Dios suban a medida que entonas tu melodía. Muchas veces, canto *None Like You* [Nadie como tú], junto con Marvin Sapp. Medito en la obra de Cristo en la cruz con *The Blood Medley* [Varios sobre la sangre] de Tamela Mann. Cuando *Lord, Remember Me* [Señor, acuérdate de mí], de Sam Cooke & The Soul Stirrers suena a todo volumen en mis bocinas, siento ese clamor en mi corazón. Recordarme la fidelidad de Dios y aliviar mis cargas con el canto puede «endulza[r] las tribulaciones del peregrinaje», como dijo una vez el teólogo Franz Delitzsch.

UN NOMBRE EN LA NOCHE

En el versículo 55, David le dice a Dios: «Señor, por la noche evoco tu nombre; ¡quiero cumplir tu ley!». ¿Qué significa evocar el «nombre» de Dios? El nombre de Dios es Su carácter, Su esencia, Sus atributos… Su mismo ser. No se trata solo de un nombre. Cuando consideramos Éxodo 33 y 34, entendemos mejor lo que David dice aquí. En Éxodo 33:18, Moisés dijo: «Déjame verte en todo tu esplendor», lo cual es, literalmente, el peso pleno o la esencia de Dios. El Señor le respondió: «Voy a darte pruebas de mi bondad, y te daré a conocer mi nombre». Dios proclamó Su nombre porque eso era lo que revelaba Su carácter y Su gloria. Dijo: «El Señor, el Señor, Dios clemente y compasivo, lento para la ira y grande en amor y fidelidad, que mantiene su amor hasta mil generaciones después, y que perdona la iniquidad, la rebelión y el pecado; pero que no deja sin castigo al culpable» (Ex. 34:6-7).

Recordar el nombre del Señor como hace David en el Salmo 119:55 implica meditar en la esencia misma de Dios y disfrutarla, la cual Éxodo 34 señala que es la misericordia, la gracia, la paciencia, el amor, la fidelidad, el perdón y la justicia de Dios. Después del ajetreo del día, mientras yacía en su cama, David recordaba todas estas cosas sobre su Dios. Contemplaba la misericordia, la gracia y la compasión del Señor para con él. Tal vez David reflexionaba en la paciencia de Dios con él a pesar de su pecado (2 Sam. 11) y consideraba cómo el Señor había permanecido fiel cuando él no lo había hecho.

En lugar de preocuparte y hacer cálculos mientras estás acostada, permite que el peso de la esencia de Dios te reconforte hasta dormirte, y te anime a la justicia. Su gloria reconforta tu corazón al ir conquistando tus temores. Además, saber que Dios es bueno, justo, veraz y fiel nos infunde ánimo para cumplir Su Palabra.

En última instancia, esta es una de las mayores bendiciones: obedecer la Palabra de Dios. En el Salmo 119:56, David declara: «Estas bendiciones tuve porque guardé tus mandamientos» (RVR1960). Su carácter, Sus obras y Su misericordia nos impulsan a ir por Sus caminos, y allí encontramos bendición. Este deseo no es obra nuestra. Es un regalo de gracia que viene de arriba.

CONFÍA EN LA PALABRA
A mi madre no le quitaron el auto... aquella vez. Los barrancos profundos de la vida me han enseñado que haría bien en recordar la Palabra de mi Señor. Lo único sabio y vivificante (aunque a veces sea difícil) que puedo hacer es correr a mi Dios, mi roca y mi amparo (Sal. 18:2). En momentos buenos

y malos, Su Palabra es la fuente de la vida. Refresca mi alma y reconforta mi corazón mejor que cualquier cosa que el mundo pueda ofrecer.

Inquietarme tan solo me lleva a pecar (Sal. 37:8). La preocupación no nos aporta ningún beneficio. La discrepancia entre nuestra confianza en Dios durante los momentos buenos y los malos debería hacernos doler el corazón. Es fácil confiar en Dios cuando podemos pagar el alquiler, pero hay un consuelo maravilloso y profundo cuando te falta dinero y puedes ver la provisión de Dios, a menudo de maneras sorprendentes, con tus propios ojos. Dios siempre nos da Su presencia, y eso siempre es suficiente. Amada, descansa en la verdad de que Dios es quien dice que es.

12. LA PALABRA DE DIOS ES NUESTRA PORCIÓN

BEV CHAO BERRUS

Marta recibió a Jesús en su hogar, pero mientras estaba con Él, se encontraba «abrumada», «inquieta» y «preocupada» (Luc. 10:38-42). Su hermana María estaba sentada a los pies de Jesús, y escuchaba con devoción cómo enseñaba. En ese momento, se presentó una exigencia, pero no vino de parte de Cristo (Luc. 10:40):

> *Señor, ¿no te importa que mi hermana me haya dejado sirviendo sola? ¡Dile que me ayude!*

¿Qué le respondió la segunda Persona de la Trinidad, el Rey del mundo, el primogénito de toda la creación, el cual en ese mismo momento estaba reclinado en el suelo de la sala de Marta?

> *... sólo una cosa es necesaria; y María ha escogido la buena parte* (v. 42, RVR1960).

Para María, Jesús era su buena parte, su porción, y atesoraba cada palabra que salía de Su boca. Él contaba con su corazón y su atención absoluta. Tenía la única cosa «necesaria», porque lo tenía a Él. Sin un amor por Cristo que fluye en amor a los demás, todo el servicio cristiano del mundo no es nada, tal como reconoció Pablo (1 Cor. 13:1-3).

Entonces, ¿cómo sería elegir a Cristo de esta manera, como nuestra buena parte?

En el Salmo 119, vemos que una relación con el Señor es fundamental para obedecerle con fidelidad. Al hijo de Dios lo cautivan Sus leyes y Sus mandamientos porque revelan cómo es Él. Aquellos que han sido sustentados por Sus palabras las encuentran más dulces que la miel (v. 103), así que acuden a ellas para hallar alimento y satisfacción.

EL SEÑOR ES MI PORCIÓN

Mucho antes de que Jesús hablara con Su amada amiga Marta, otro amigo muy amado escribió:

Mi porción es Jehová (v. 57a, RVR1960).

Literalmente, dice: «Tú eres mi porción, Señor». Es una frase selecta de muchos poetas de la Biblia (por ejemplo: Lam. 3:24; Sal. 142:5; 16:5). Aquí, el escritor le declara a Jehová, el Dios de pactos: *TÚ eres mi buena parte, mi herencia, mi porción.*

Recuerda que nuestro salmista era un israelita y que Israel había tenido una historia larga y turbulenta respecto a la tierra prometida. Era un ciclo de *tener, perder, repetir.* Poseer una porción o una parcela de tierra era sumamente importante. Pero lo que está diciendo el salmista, en esencia, es: *Preferiría poseerte a ti, Señor, que a cualquier otra cosa sobre la tierra. Y si no tengo nada más en esta tierra, mi copa igual desborda, porque eres mi porción plena.*

En un sentido sumamente real, lo que tenemos nos define. Esto es un problema si lo único que tenemos son cosas temporales: «¿De qué sirve ganar el mundo entero si se pierde la vida?» (Mat. 16:26). Sin embargo, para aquellos que tienen en el Dios eterno su porción plena, es una verdadera ganancia y la mayor bendición que los definan por lo que tienen.

En todo el mundo, el pueblo redimido de Dios se regocija en Él como su mayor tesoro. Mi amiga Joanna, que creció en Dubái, me mostró una vez una fotografía hermosa de coloridas flores en su momento más bello de floración. Debajo de la foto, había escrito: «Dios hizo estas flores tan hermosas; ellas son de Él y Él es mío».

Yo soy de Él y Él es mío. ¿Te regocijas en Dios como tu mayor tesoro? ¿Las palabras del salmista expresan cómo te sientes respecto al Señor hoy? Si estás unida a Cristo por arrepentimiento y fe, ¡alábalo ahora, mientras lees esto! Él es tu porción, es digno de tu afecto y de tu disfrute. Cualquier tesoro terrenal palidece en comparación con tu Señor.

LA PROMESA DEL SEÑOR

> *Prometo obedecer tus palabras. De todo corazón*
> *busco tu rostro; compadécete de mí conforme*
> *a tu promesa* (vv. 57-58).

Con el Señor como su porción, el salmista promete obedecer las palabras de Dios. Lo declara repetidas veces (vv. 8,32,35,44). Sin embargo, ¿qué esperanza puede tener un pecador de obedecer las palabras de Dios? El teólogo y pastor Ligon Duncan explica cómo funciona la obediencia en la vida del creyente:

> *La gracia siempre precede a la ley. La ley no es la manera*
> *de obtener gracia. La gracia es lo que te permite ser lo que*
> *fuiste creado para ser [...] aquello para lo cual Dios te*
> *creó [...] para lo cual Dios te redimió. ¿Y cómo sería eso*
> *en la práctica? La ley.*[1]

Sin la gracia propicia de Dios, el salmista no puede vivir como Dios quiere y nosotras tampoco. Incluso la inclinación de amar la Palabra de Dios viene por gracia (vv. 36,112).

Entonces, el salmista ruega de todo corazón hallar gracia y se apoya en la promesa de Dios (v. 58). En todo el Salmo 119, la promesa se describe como salvífica (v. 123), vivificante (v. 50), reconfortante (v. 82), compasiva (v. 58), inagotablemente llena de amor (v. 76) y digna de nuestra esperanza (v. 116). El

---

1. t4g.org/media/2018/04/the-whole-in-our-holiness

salmista declara: «Mis ojos se esfuerzan por ver tu rescate, por ver la verdad de tu promesa cumplida» (v. 123, NTV).

¿Cuál es esta promesa justa que nos trae la gracia propicia de Dios? Es «la promesa hecha a nuestros antepasados. Dios nos la ha cumplido plenamente a nosotros, los descendientes de ellos, al resucitar a Jesús» (Hech. 13:32-33a). Jesucristo murió por los pecadores y fue resucitado al tercer día. Esta fue la promesa dada a Abraham y a sus descendientes, profetizada en la Escritura y cumplida al final en Cristo.

Esta promesa es nuestra única esperanza en la vida y en la muerte. Es favor y gracia de Dios. Esta promesa nos permite obedecer las palabras de Dios, y garantiza nuestro perdón cuando no lo hacemos. Es una promesa que se encuentra en la raíz de nuestro fruto. Aunque ya lo sabemos, tenemos que orar por esto cada día, tal como hacía el salmista: *Oh, Señor, compadécete de mí conforme a tu promesa, para que pueda obedecer tus palabras.*

CONSIDERA NUESTROS CAMINOS

> *Me he puesto a pensar en mis caminos, y he orientado mis pasos hacia tus estatutos. Me doy prisa, no tardo nada para cumplir tus mandamientos* (vv. 59-60).

Joven o anciana, rica o pobre, occidental u oriental, la naturaleza humana prefiere la distracción antes que la reflexión personal. Pero el salmista declara: «Me he puesto a pensar en mis caminos». No dice: «Si me pusiera a pensar...». Esta era su práctica normal. Ya no era esclavo del pecado sino que la justicia lo había cautivado, así que podía considerar su vida sin temor ni culpa.

Él no pensaba en sus caminos por su cuenta. A lo largo de este salmo, comparte sus reflexiones con el pueblo de Dios. Es una progresión natural, ya que deleitarse en Dios produce un deseo de declarar Su carácter y exhortar a otros a guardar Sus mandamientos. A medida que medita en los caminos de Dios, orienta sus pasos a los estatutos del Señor (v. 59). Hace un cambio de rumbo. Es una manera poética de decir que los redimidos producen frutos que demuestran arrepentimiento.

Tenía doce años la primera vez que vi a alguien hacer esto. Mis padres chinos nos criaron para adorar ídolos y ancestros. Teníamos imágenes talladas por toda la casa. Sacrificábamos alimentos y «dinero eterno» a miembros muertos de la familia, con la esperanza de que nos bendijeran. Había reglas: «Los ídolos no se tocan; no se juega con los ídolos».

Un día, vi cómo mi papá llevaba a nuestro Buda tallado en madera, de casi un metro de alto (tres pies), al patio trasero. Tomó un hacha y empezó a cortarlo en pedazos frente a nosotros. Primero, voló la cabeza, después los miembros… hasta que lo único que quedaba era una pila de madera. Para mí, fue un ejemplo claro de cómo el evangelio exige que rechacemos y destruyamos los ídolos. Ahora, el Señor era la porción de mi papá. Poco después de aquel día, el Señor se transformó en mi porción también.

Con los pies orientados hacia los estatutos de Dios, el salmista se apura a cumplir Sus mandamientos sin demora.

Orientarse, o arrepentirse, debería ser algo que hagamos todos los días. Esto es la vida cristiana. Jesús dijo: «Si ustedes me aman, obedecerán mis mandamientos» (Juan 14:15). El evangelista Oswald Chambers escribió: «Si dudo, es porque amo a alguien a quien he puesto a competir con Él; concretamente, a mí» (*The Golden Book of Oswald Chambers: My Utmost for His Highest* [El libro dorado de Oswald Chambers: En pos de lo supremo]). Cuando te sientas cansada de obedecer, acude a la Escritura y mira la cruz, la culminación de todos los atributos maravillosos de Dios a plena vista. Confía en Su fortaleza para obedecer sin demora.

LOS IMPÍOS Y LOS JUSTOS

Aunque los lazos de los impíos me aprisionan,
yo no me olvido de tu ley. A medianoche me levanto
a darte gracias por tus rectos juicios. Soy amigo
de todos los que te honran, de todos los que
observan tus preceptos (vv. 61-63).

Aunque los impíos se confabulan contra el siervo de Dios (vv. 23,51), el salmista no olvida la ley de Dios. Aun mientras los impíos lo rodean, él descansa en saber que Dios lo guarda. Lo peor que los impíos pueden hacer es apenas una «leve tribulación momentánea», que prepara a los hijos de Dios para un «eterno peso de gloria» que es incomparable (2 Cor. 4:17, RVR1960).

Debido a esto, ¡el salmista se levantaba a alabar al Señor en medio de la noche! (Sal. 119:62,148). Como alguien que se encuentra en la época de alimentar a un bebé en medio de la noche, no puedo decir que alabar al Señor sea mi primer instinto cuando me despierto. Tal como le sucedía al salmista, el amor de Jesús por el Padre lo mantenía despierto tarde por la noche en oración (Mat. 14:23-25; 26:43-45).

Matthew Henry, un pastor del siglo XVII, escribió:

> *Sintámonos avergonzados de que otros están más dispuestos a mantenerse despiertos para dedicar tiempo a placeres pecaminosos de lo que nosotros lo estamos para alabar a Dios.*

No hay mejor razón para estar levantado en medio de la noche que alabar al Señor, y hay pocas motivaciones más grandes para adorarlo de esta manera que las reglas justas de Dios.

Los amigos del salmista, a diferencia de los impíos, temen a Dios y guardan Sus mandamientos. El salmista es amigo de todos los que honran a Dios. ¿Cómo son tus amigos? ¿Eres amiga de personas que se parecen a ti, que tienen la misma educación que tú, que crían a sus hijos al igual que tú o que tienen una personalidad similar a la tuya? ¿O eres amiga de aquellos que temen al Señor como tú, y que lo buscan de día y de noche?

Dubái es una ciudad donde la clase de pasaporte que tienes determina la manera en que se te trata, y las personas que se asocian contigo. Mientras vivíamos allí, solíamos salir a comer y tener reuniones de discipulado con nuestra familia de la iglesia, conformada por personas de todo el mundo. La pregunta inevitable era: «¿Cómo se conocieron todos? ¿Por qué parece que son tan cercanos?». El amor de familia que teníamos unos por otros cautivaba al mundo que nos miraba porque no había ninguna razón aparente para nuestra asociación —ni hablar de la comunión— aparte de Cristo.

Hermanas, ¿comparten su vida con otras mujeres del mundo o las evitan si no se parecen a ustedes en otras cuestiones? La Palabra de Dios no solo nos recomienda que estemos en relaciones de discipulado, sino que da por sentado que así será. A veces, puede ser incómodo y hace falta esfuerzo y vulnerabilidad, pero vale la pena, a medida que nos animamos unos a otros en el pueblo de Dios a obedecer Sus preceptos.

EL GRAN AMOR DE DIOS REVELADO

> *Enséñame, SEÑOR, tus decretos; ¡la tierra está llena de tu gran amor!* (v. 64).

El gran amor inamovible de Dios llena la tierra. No te olvides de que este mundo es un lugar que merece Su ira justa (y sí, también es un lugar donde podemos ver Su ira; ver Rom. 1:18). No obstante, es un lugar lleno de Su gran amor. Algo extraño pero maravilloso es que podemos ver el amor de Dios al habernos entregado Sus leyes. Solemos pensar que, si Dios nos ama, lo comprobaremos mediante la afirmación de nuestros deseos y la eliminación de las leyes (en particular, de aquellas que nos impiden actuar conforme a nuestros deseos). En cambio, en Su amor, Él desea lo mejor para nosotras y nos lo muestra, y después, inclina nuestro corazón a desear guardar más de Sus estatutos.

De ahí fluye nuestro servicio. Tal vez, a veces sintamos una tensión entre lo que hacemos y el porqué de lo que hacemos. A Dios le interesa tanto el «porqué» como el «qué» del bien que buscamos hacer. Desea que tengamos una devoción absoluta por Su Palabra y en nuestro servicio a Él; que seamos íntegras en nuestro amor por Él, para que lo sirvamos con alegría. El salmista y María lo sabían: una sola cosa es necesaria. Ellos eligieron la buena parte. Se deleitaban en la Palabra de Dios, descansaban en ella, acudían a ella, la obedecían, la alababan y la anhelaban. Todo lo demás, incluso su servicio obediente, fluía de esto.

¿Te deleitas en el Señor como tu porción? No importa cuál sea tu circunstancia o en dónde sientas hoy una falta, nadie puede robarte tu posesión más grande. Tienes todo porque lo tienes a Él. La gracia de Dios ciertamente se hizo manifiesta. El Salvador se entregó para rescatarnos de toda maldad, purificando para sí a un pueblo elegido, dedicado a hacer el bien (Tito 2:11-14). Él es nuestro y somos de Él. Que aprendamos a vivir lo que declaró otro salmista:

> *¿A quién tengo en el cielo sino a ti? Si estoy contigo, ya nada quiero en la tierra. Podrán desfallecer mi cuerpo y mi espíritu, pero Dios fortalece mi corazón; él es mi herencia eterna* (Sal. 73:25-26).

13. LA BÚSQUEDA DE LA IDENTIDAD Y LAS INVERSIONES QUE HACEMOS

MILTINNIE YIH

Esta parte del Salmo 119 sigue nuestro desarrollo como hijas de Dios a medida que aprendemos a confiar en la Palabra y a seguirla más de cerca, a pesar de los fracasos, las aflicciones y la oposición.

Nuestra identidad es algo complejo. Al principio, buscaba identidad y significado en mis raíces chinas, pero encontraba más aislamiento, porque no era lo suficientemente china y jamás podría serlo. Después, puse mi esperanza en el sueño americano y acumulé logros que me dieran trascendencia, pero esto tan solo llevó a más y más escaleras agotadoras para subir. Ninguna de estas cosas satisfacía los anhelos más profundos de mi alma... hasta que encontré al Señor y recibí mi llamado más profundo como hija de Dios. Su Palabra ha sido mi guía confiable a medida que la pongo en práctica en mi vida, y mi esperanza eterna sigue creciendo hasta el día en que mi fe se transformará en vista y pueda ver a mi mayor tesoro: al Señor Jesús.

¿MI CORAZÓN O SU PALABRA?

¿Qué es necesario para que podamos decirle al Señor: «Tú, Señor, tratas bien a tu siervo» (v. 65)? No significa que tan solo haya permitido que a Sus hijos les sucedan cosas que nosotras llamaríamos «buenas». En cambio, más allá de lo que pueda sucedernos, Dios puede hacer que todo obre para nuestro bien, al edificar nuestro carácter y aumentar nuestro amor por Él. El profundo consuelo que hallamos en Romanos 8:28 nos garantiza que «Dios dispone todas las cosas para el bien de quienes lo aman, los que han sido llamados de acuerdo con su propósito».

Por lo tanto, incluso los peores desastres pueden ser beneficiosos porque pueden acercarnos más a Dios, mientras que las mejores «bendiciones» pueden carecer de valor si no nos conducen a conocerlo y amarlo más. Pase lo que pase, los que aman a Dios no pueden perder porque se benefician de circunstancias buenas o malas, al fortalecerse cada vez más en medio de las pruebas.

Al principio en nuestro matrimonio, cuando no conocíamos al Señor y solo dependíamos el uno del otro para satisfacer nuestras necesidades de amor, aceptación, seguridad, propósito y trascendencia, mi esposo y yo nos sentíamos constantemente frustrados por nuestras insuficiencias y fracasos a la hora de hacer feliz al otro y de encontrar nuestra propia felicidad. En cambio, nos reclamábamos constantemente por las expectativas que no cumplíamos. No solo nos desilusionábamos mutuamente una y otra vez, sino que yo también me desilusionaba a mí misma. Me di cuenta de que era débil e incapaz de hacer lo correcto, incluso si hubiera sabido qué era lo correcto. Estaba hastiada de mí misma y quería despedirme como dios de mi vida. Ansiaba con desesperación a Aquel que era más poderoso y mejor que yo. Y en medio de esa oscuridad fría y lúgubre de mi vida, algunos amigos hablaron vida. Una pareja cristiana, June y David Otis, llegaron como un fuego cálido y refulgente que nos atrajo al Salvador. Nos llevaron inmediatamente a la Palabra, y yo aprendí a confiar en lo que Dios revelaba sobre sí en ella.

He aprendido a no confiar tanto en mi corazón como en la Palabra de Dios, la cual necesito obedecer incluso cuando no necesariamente esté de acuerdo con lo que dice. La señal de la verdadera obediencia no es obedecer cuando estás de acuerdo y sientes deseos de hacerlo, sino obedecer a pesar de no estar de acuerdo con determinado mandamiento o cuando resulta difícil. En Getsemaní, Jesús pidió: «Padre, si quieres, no me hagas beber este trago amargo; pero no se cumpla mi voluntad, sino la tuya» (Luc. 22:42).

En la práctica, esto es lo que significa «[creer] en [Sus] mandamientos» (Sal. 119:66). No alcanza tan solo con saberlos o entenderlos, ni siquiera estar de acuerdo con ellos; creemos en los mandamientos de Dios al obedecerlos. Pero la obediencia no se trata de apuntalar nuestra voluntad y arremeter firmemente hacia delante con toda nuestra fuerza, lo cual solo sería una obediencia en la carne. La obediencia en el Espíritu es «la respuesta de amor de un alma que fue liberada por la gracia salvadora de Dios».[1] Eso no es necesariamente algo fácil (Jesús sudó gotas como de sangre al obedecer) y tan solo se logra al confiar en el Espíritu que habita en nosotras, en lugar de en nuestras propias fuerzas.

DE «CÁMBIALO» A «CÁMBIAME»

Como nueva creyente, empecé a confiar en el Señor respecto de mi situación y mis circunstancias. Su Palabra me guio más allá de mis propios instintos y razonamientos. Recuerdo cómo, después de escuchar mis quejas sobre mi matrimonio, una amiga cristiana me preguntó si alguna vez había intentado someterme a mi esposo. Me impactó leer 1 Pedro 3:1-2: «Así mismo, esposas, sométanse a sus esposos, de modo que, si algunos de ellos no creen en la palabra, puedan ser ganados más por el comportamiento de ustedes que por sus palabras, al observar su conducta íntegra y respetuosa». Lo último que quería era ser una esposa sumisa; lo que en realidad deseaba era un esposo sumiso.

Aunque mis primeras oraciones fervientes a Dios fueron: «¡Señor, cámbialo!», por fin me di cuenta de que tal vez me iría mejor si oraba pidiendo: «¡Señor, cámbiame!». Los problemas en nuestro matrimonio nos llevaron a Cristo, pero mi matrimonio también me enseñó a confiar en Dios más allá de mi entendimiento limitado, aun si Su Palabra me enseñaba a hacer lo opuesto de lo que yo quería.

La pregunta fundamental era: ¿Confío en que los mandamientos de Dios son buenos para mí?

---

1. Walter Henrichsen y Gale Jackson, *Obey God* [Obedecer a Dios], pág. 14.

Cuando empecé a enseñar a estudiantes de bajos recursos en una escuela secundaria al sur de San Francisco, solía preguntarles a mis alumnos: «¿Para qué les voy a enseñar a ser más inteligentes si no se vuelven también más buenos o mejores? No quiero enseñarles a ser tan solo criminales más inteligentes». El conocimiento sin bondad es un barco más rápido sin timón. Pero ¿qué es la bondad? ¿Quién determina realmente lo que es bueno y lo que es malo?

En general, lo establecen los poderes que gobiernan, ya sea el jefe de una tribu, los dictadores al mando o los funcionarios representativos elegidos. Las culturas determinan lo que es bueno según sus valores: el placer (hedonismo), la utilidad (pragmatismo), la eficacia, la belleza, la riqueza, la facilidad, la familia, la libertad, etc.; y sus leyes se basan en su sistema de valores. La Biblia declara que Dios, el Ser todopoderoso que creó todo de la nada, fue el primero en evaluar algo como «bueno», al otorgarle ese veredicto a Su creación siete veces (Gén. 1), y la séptima vez dijo que era «muy bueno» (v. 31).

La creación era muy buena porque su Creador es infinitamente bueno. El salmista lo sabe, y nosotras también deberíamos: «Tú eres bueno, y haces el bien» (Sal. 119:68). Dios define lo que es bueno. Él creó el árbol del conocimiento del bien y el mal y dio el primer mandamiento: no comer de él. Sin embargo, Adán y Eva comieron (Gén. 3:6). Antes de sufrir, se descarriaron (Sal. 119:67). Un aspecto del juicio de Dios fue señalar la seriedad de lo que habían hecho: afligirlos con la realidad de lo que habían elegido —una vida apartados de Él—, para que clamaran a Él, regresaran a Él y

143

obedecieran Su Palabra. El Señor aflige a Su pueblo con el mismo propósito ahora: para llamarnos a volver a conocer lo que es bueno y a hacer lo bueno, al regresar a lo que es bueno: a Él.

CUANDO NO ESTOY DE ACUERDO...

Al prohibirles a Adán y a Eva que comieran del árbol del conocimiento del bien y del mal (Gén. 2:17), Dios se reservó el derecho de determinar lo que es bueno y lo que es malo. Cuando ellos comieron del fruto, intentaron desplazar a Dios como el que determinaba la moralidad. Me parezco a ellos... quiero sentarme a juzgar lo que Dios llama bueno o malo. Es tan tentador (porque es muy común) juzgar los mandamientos de Dios a través del lente de las sensibilidades y los valores culturales actuales que, por ejemplo, la mayoría de los mandamientos del Nuevo Testamento dirigidos a las mujeres se ignoran, se reinterpretan o se denuncian, y los pasajes sobre el sexo y el matrimonio se consideran inapropiados para esta época.

El mundo dice que las cosas han cambiado desde los tiempos bíblicos. Ahora, las mujeres son educadas, emancipadas y empoderadas. ¿Acaso la Biblia no se usa para mantener subyugadas a las mujeres? ¿Cuál de estas cosas es verdad y cuál es mentira? Todavía podemos escuchar las preguntas en siseo: «¿Es verdad que Dios dijo? ¿No querrá decir Dios...? ¿Realmente Dios hará eso?».

Y debemos decidir si obedeceremos o no Su Palabra. Cuando no estoy de acuerdo con los mandamientos de Dios,

¿intentaré manipular o negarlos? ¿Estoy dispuesta a distorsionar la Escritura para salirme con la mía? Los mandamientos de Dios que parecen ilógicos, irrazonables e inconvenientes son los más fáciles de invalidar, pero, por supuesto, cuando lo hago, revelo mi propio corazón rebelde, el cual Dios pone a la misma altura que el pecado de adivinación e idolatría (1 Sam. 15:23).

Jesús dijo: «El que esté dispuesto a hacer la voluntad de Dios reconocerá si mi enseñanza proviene de Dios o si yo hablo por mi propia cuenta» (Juan 7:17). Un mandamiento es como un medicamento recetado. No sabré si es eficaz a menos que lo tome. La bondad de un mandamiento tan solo se determina una vez que se acata, no antes. Este es el camino de la fe, el cual supone compromiso antes que conocimiento.

Así fue que llegué a permitirme considerar lo que antes me parecía impensable: ¿Qué tendría que hacer para someterme a mi esposo? Además de no hacer lo que yo quería, tendría que creer que Dios es más grande que cualquier error que mi esposo pueda cometer. Y aunque detestaba la idea de ser probada en eso, sabía que Dios es mucho más grande.

Resultó ser que Dios no solo es más grande, sino también más grandioso, y me enseñó a tener fe en Él mientras observaba cómo mi esposo crecía en el Señor mediante errores grandes y pequeños, y mientras miraba cómo el Señor nos acompañaba a través de las consecuencias difíciles que terminaron siendo para nuestro bien. Por gracia, he vivido lo suficiente como para ver ese bien empezar a manifestarse en nuestro año número 48 de casados y sé que la promesa de que

«todas las cosas […] ayudan a bien» (Rom. 8:28, RVR1960)
continuará en esta vida; en la mía y la de mi esposo, y en las
vidas de mis familiares y amigos. A diferencia de un evangelio
de la prosperidad, esta clase de evangelio «de la adversidad»
tiene recompensas que se extienden lejos a la eternidad, donde
todas las cosas serán reveladas.

Aunque los «insolentes» se deleitan en la vasta insensibili-
dad de sus corazones, su alma se consume (Sal. 119:69-70).
Cuando el mundo me presenta oposición, es una oportunidad
para aprender a tocar para una audiencia de Uno. Al nutrir
mi alma con la Palabra de Dios, la fortalezco, tal como Pedro
nos instruye: «deseen con ansias la leche pura de la palabra,
como niños recién nacidos. Así, por medio de ella, crecerán
en su salvación» (1 Ped. 2:2). Me empapo profundamente de
la Palabra al estudiarla, meditar en ella y memorizarla. Me
deleito en ella al obedecerla, aplicarla y practicarla.

UN CORAZÓN EXPANDIDO

Entonces, incluso aprendemos a decir: «Me hizo bien haber
sido afligido» (Sal. 119:71). En general, tratamos de evitar el
dolor a toda costa a menos que haya algo más valioso para
nosotras que estar libres de dolor. Soportamos el dolor de
la práctica para volvernos una buena pianista o deportista,
o el dolor del parto para dar a luz a un bebé. Sacrificarse es
entregar algo que amas por algo que amas aún más. Si nuestro
verdadero deseo es agradar a Dios al aprender Sus estatutos,
podemos soportar con paciencia la aflicción y confiar en la
bondad de Dios. Nuestro sacrificio es un corazón obediente.

La aflicción nos enseña. La aflicción de nuestros primeros años de matrimonio nos humilló, nos llevó a tocar fondo y nos preparó para una nueva vida que Cristo Jesús nos ofrecía. Más adelante, cuando mi primer hijo resultó ser autista y con discapacidades intelectuales, aprendimos a confiar en el Señor para aceptarlo, educarlo y amarlo de verdad, al hacer lo mejor para él. Nos consuela y nos alegra saber que nada llega a la vida de un hijo de Dios sin primero pasar por las manos de nuestro Padre amoroso. Cuando llegaron otra hija y un hijo muy seguidos, el Señor siempre estuvo ahí con gracia y guía, fuera cual fuera la necesidad. Ahora, después de 21 mudanzas por 3 continentes, puedo dar testimonio de la bondad de Dios en las dificultades.

El Salmo 119:32 declara: «Por el camino de tus mandamientos correré, cuando ensanches mi corazón» (RVR1960). «Ensanchar» significa hacer espacio; se usa para describir la extensión de tiendas o límites. ¿Dios ensancha nuestro corazón para que obedezcamos o nuestro corazón se ensancha a medida que obedecemos? Me recuerda al momento en que Dios le dijo a Josué, el sucesor de Moisés, que guiara a los israelitas a la tierra prometida, haciendo que los sacerdotes pusieran primero sus pies en el río Jordán antes de que el agua se retirara para permitir que todos cruzaran (Jos. 3:13-17). Creo que las aguas retroceden a medida que metemos nuestros dedos obedientes y a menudo se mojan antes de que veamos a Dios obrar.

Como una persona introvertida en el crepúsculo de mi vida, descubro que nada ensancha mi corazón más que la hospitalidad. Dios ha llenado nuestro hogar con cientos de personas con las cuales hemos compartido nuestra fe mediante nuestro ministerio de «Hospedaje, Biblia y más» a eruditos internacionales de China. Nos recuerdan nuestras inversiones eternas en las personas y en la Palabra de Dios, nuestros tesoros más grandes. Estas inversiones no siempre son fáciles, pero las inversiones costosas son las que producen las recompensas celestiales más abundantes. Al mirar atrás en mi vida, puedo decir que no fue lo que había planeado, pero por Su gracia, es mucho más de lo que jamás soñé.

14. LA INTIMIDAD DE CONOCER A DIOS Y CONOCERSE A UNA MISMA

NATASHA SISTRUNK ROBINSON

Como cristianas, estamos acostumbradas a pensar y a hablar de cuestiones espirituales. Animamos a los demás a orar y creemos que Dios habla a través de Su Palabra. Cantamos salmos, himnos y cantos espirituales. Hablamos del reino del ahora y el más allá y, aguardamos con gran esperanza y anticipación el glorioso regreso de Jesús. Sin embargo, hay una verdad que solemos olvidar o descuidar: Dios nos hizo personas físicas y con cuerpos.

Parte de entender la verdad bíblica de que los seres humanos fueron hechos a imagen de Dios es abrazar todo nuestro ser: cuerpo, mente y alma. Fuimos creadas para reflejar la gloria, la belleza y la bondad de Dios. Dios valora todo: las curvas de nuestro cabello, la forma de nuestro cuerpo y el tono de nuestra piel. A pesar de las mentiras históricas, los mitos, los constructos y estereotipos sobre nuestras tribus de personas, somos humanas. Cada una de nosotras tiene valor para Él, y las que confiamos en Cristo somos una parte integral del cuerpo de Dios.

EL CUERPO DE DIOS

Cuando los humanos, creados a imagen de Dios, deciden que sus cuerpos les pertenecen, llegan a la conclusión de que pueden hacer lo que les plazca con ellos. Además, les cuesta mucho entender la presencia espiritual y las prioridades de Dios en sus vidas físicas diarias. No pueden responder con seguridad las respuestas sobre su identidad ni sobre el propósito de su vida en la tierra.

Sin embargo, en esta estrofa del Salmo 119, el salmista se dirige a Dios y le dice: «Con tus manos me creaste, me diste forma» (v. 73). Los creyentes del Antiguo Testamento entendían a Dios como un espíritu. Pero uno podía encontrarse de manera muy íntima con este espíritu. Cuando Moisés quería una garantía de la presencia del Señor y de Su favor, le pidió que se le revelara. Entonces, Dios le dijo: «no podrás ver mi rostro [... pero] cuando yo pase en todo mi esplendor, te pondré en una hendidura de la roca y te cubriré con mi mano, hasta que haya pasado» (Ex. 33:20-22). No siempre podemos entender la gloria, pero ver el rostro de un ser amado y ser cubiertas por la seguridad de una mano, eso sí lo entendemos claramente.

Por eso los escritores de la Biblia suelen usar metáforas —tomar algo que entendemos (como el cuerpo físico) y compararlo con algo que no comprendemos (la nueva familia espiritual de aquellos que pertenecen a Cristo)— para revelar las verdades misteriosas de Dios a nosotras. Al escribir sobre la familia del pueblo de Dios, el apóstol Pablo se refiere a la iglesia como «el cuerpo»:

... aunque el cuerpo es uno solo, tiene muchos miembros, y todos los miembros, no obstante ser muchos, forman un solo cuerpo... (1 Cor. 12:12).

Estas imágenes nos ayudan a empezar a captar las verdades misteriosas de Dios, el cual «es espíritu, y quienes lo adoran deben hacerlo en espíritu y en verdad» (Juan 4:24).

Dios trata con nosotras de esta manera no solo para representar a Su mundo, sino también en cuanto a Sus acciones a lo largo de la historia. El Padre envió físicamente a Su Hijo divino en la forma de carne humana para que habitara en medio de nosotras: «La virgen concebirá y dará a luz un hijo, y lo llamarán Emanuel» (Mat. 1:23). Desde el nacimiento y en Su vida en la tierra, Jesús fue la presencia física de Dios entre los humanos y hoy sigue viviendo en Su cuerpo glorificado y ha enviado a Su Espíritu para redimir todos nuestros espacios rotos.

Nuestro valor físico como portadoras de la imagen de Dios desde el principio mismo se afirma con las palabras: «Con tus manos me creaste, me diste forma» (Sal. 119:73). No es la única vez en que los Salmos hablan de esta verdad. En el Salmo 139, leemos: «SEÑOR, tú me examinas, tú me conoces. [...] Tú creaste mis entrañas; me formaste en el vientre de mi madre» (vv. 1,13). De la misma manera, el profeta Jeremías escribió que la palabra de Dios vino a él y dijo: «Antes de formarte en el vientre, ya te había elegido; antes de que nacieras, ya te había apartado; te había nombrado profeta para las naciones» (Jer. 1:5).

Y ahora Jesús —Dios el Hijo— ha ofrecido Su cuerpo físico para salvarnos, y el Espíritu Santo ha obrado para proveernos una vida eterna y nueva. Él obra para darnos una nueva forma en lo espiritual y un día nos transformará físicamente... no a la imagen del pecaminoso Adán, sino a la imagen sin mancha de Cristo. Esta es la redención del pueblo de Dios... del «cuerpo» de Cristo.

¿Quién es Dios? Dios es el que crea. Es el que nos modela y nos reconcilia. ¿Quién soy yo? Soy una persona creada y reformada por las manos de Dios, y como fui reconciliada con Él, toda mi vida —mi mente, mi cuerpo y mi alma— tiene un propósito. Para poder entender el propósito de mi vida, primero debo mirar a Dios.

LA PALABRA DE DIOS

Para mirar a Dios es necesario mirar Su Palabra. «Dame entendimiento para aprender tus mandamientos» (v. 73b). Esta estrofa hace referencia a la Palabra de Dios de varias maneras: Sus mandamientos (v. 73), Sus juicios justos (v. 75), Su ley (v. 77), Sus preceptos (v. 78), Sus estatutos (v. 79) y decretos (v. 80). Cada una de estas expresiones testifica la verdad sobre quién es Dios y sobre cómo anhela que lo conozcamos. No necesitamos tan solo conocer la verdad y los hechos sobre Dios; eso es educación. Necesitamos una conexión personal e íntima; eso es relación.

¿Qué significa entender a Dios y aprender Sus mandamientos en este cuerpo, con esta piel, con este cabello que nos transmitieron nuestros padres, desde esta región, en esta tribu, con esta lengua y en este momento de la historia? Proclamar esa verdad es mi testimonio personal sobre Dios. Porque Él ha determinado el período que nos tocó y los límites de nuestra morada, para que otros puedan buscarlo, sentirlo y encontrarlo, porque no está demasiado lejos de ninguno de nosotros (Hech. 17:26-28). Como la mujer samaritana junto al pozo, para bien o para mal, cada una de nosotras debe proclamar su verdad individual sobre sí misma y sobre Dios: «Vengan a ver a un hombre que me ha dicho todo lo que he hecho. ¿No será este el Cristo?» (Juan 4:29). ¡Las manos de Dios me formaron, y esa es una buena noticia para mi alma! La verdad y el poder de nuestros testimonios pueden traer un avivamiento y redención. Pueden hacer que las personas entreguen sus vidas por Jesús.

Que tu testimonio personal y tu deseo de acercarte para entender y conocer los mandamientos del Señor lleven a muchas almas a Cristo. Declaremos sobre Dios:

Los que te honran se regocijan al verme,
porque he puesto mi esperanza en tu palabra (v. 74).

Roguemos al Señor:

Que se reconcilien conmigo los que te temen,
los que conocen tus estatutos (v. 79).

Las personas nos observan para ver lo que creemos y cómo responderemos a los desafíos de la vida. La Palabra de Dios me da seguridad frente a lo que la cultura y los demás dicen sobre mi identidad. Particularmente como mujeres de color, solemos recibir mensajes de que somos «demasiado» o de que no somos «suficiente». Como mujer de color, a veces me perciben como demasiado ruidosa, demasiado agresiva o demasiado enojada. Nuestro cuerpo físico está bajo un escrutinio permanente: somos demasiado oscuras, demasiado curvilíneas o demasiado delgadas; o nuestro peinado es demasiado grande si se compara con el estándar social. La verdad de que Dios me hizo y le pertenezco me da la seguridad para sentirme conocida, amada, valorada y sin temor. «¡Te alabo [Señor] porque soy una creación admirable!» (Sal. 139:14a). Los que temen a Dios me verán a través de Sus ojos, se regocijarán y me darán el honor que merezco, porque «la mujer que teme al Señor es digna de alabanza» (Prov. 31:30).

Por eso el salmista escribe: «Sean avergonzados los insolentes que sin motivo me maltratan; yo, por mi parte, meditaré en tus preceptos» (Sal. 119:78). La percepción de aquellos que no conocen ni aman a Dios no tienen demasiada importancia en mi vida ni en la tuya. La gente habla, chismea y calumnia (por desgracia, incluso dentro de la iglesia). Frente a estos ataques a nuestra humanidad y femineidad, debemos obedecer a Dios y mantener una conducta honorable, para que, «aunque [los incrédulos] los acusen de hacer el mal, ellos observen las buenas obras de ustedes y glorifiquen a Dios en el día de la salvación» (1 Ped. 2:12).

LA JUSTICIA DE DIOS

SEÑOR, yo sé que tus juicios son justos, y que con justa razón me afliges. Que sea tu gran amor mi consuelo, conforme a la promesa que hiciste a tu siervo (vv. 75-76).

Una característica que sabemos y proclamamos sobre Dios es Su justicia a lo largo de la historia. Él no muestra parcialidad. Decide y hace lo correcto. Es la naturaleza de Su ser. Su Palabra nos ayuda a entender qué es lo correcto y también nos forma en justicia.

La disciplina y la corrección del Señor suele no gustarnos. La sentimos como una aflicción. Lo llamamos Padre, y como cualquier buen padre, Él nos trata como a los hijos que ama, que quiere proteger y que desea ver crecer en madurez y responsabilidad.

El escritor de Hebreos nos informa:

Hijo mío, no tomes a la ligera la disciplina del Señor ni te desanimes cuando te reprenda, porque el Señor disciplina a los que ama, y azota a todo el que recibe como hijo (Heb. 12:5-6).

En Su fidelidad, Dios anhela hacernos justas.

Si verdaderamente queremos conocer el deseo del Padre por nosotras, entonces debemos mirar a Su Hijo Jesús (Juan 8:19; 14:7). Si queremos volvernos justas, debemos ser formadas de acuerdo al carácter y la semejanza de Cristo.

En esencia, el único propósito de nuestra vida en la tierra es parecernos cada vez más a Jesús. Su sacrificio revela divinamente el amor del Padre por nosotras y Su gracia activa nuestro proceso de santificación, manifestando Su plan de redención y nuestra transformación espiritual. La santificación no solo nos hace más santas, sino que también aclara nuestro propósito:

> *Porque a los que Dios conoció de antemano, también los predestinó a ser transformados según la imagen de su Hijo, para que él sea el primogénito entre muchos hermanos. A los que predestinó, también los llamó; a los que llamó, también los justificó; y a los que justificó, también los glorificó* (Rom. 8:29-30).

Esta es una promesa para nosotras.

La verdad y la promesa de la Palabra de Dios es que no vuelve a Él vacía. Dios quiere que nuestra predestinación se revele a través de nuestro llamado y nuestra justificación, lo cual resulta en gloria para nosotras y para Él.

La Palabra de Dios es verdadera. Así como Su Palabra es inagotable, Su amor es inagotable y Su misericordia permanece para siempre.

LA MISERICORDIA DE DIOS

> *Que venga tu compasión a darme vida, porque en tu ley me regocijo* (v. 77).

En Su gran misericordia, Dios no nos trata como nuestros pecados ameritan:

> *Tan grande es su amor por los que le temen*
> *como alto es el cielo sobre la tierra.*
> *Tan lejos de nosotros echó nuestras transgresiones*
> *como lejos del oriente está el occidente.*
> *Tan compasivo es el SEÑOR con los que le temen*
> *como lo es un padre con sus hijos.*
> *Él conoce nuestra condición;*
> *sabe que somos de barro* (Sal. 103:11-14).

No somos perfectas. Somos un pueblo imperfecto que sirve a un Dios perfecto. Así es como conocemos y vivimos la verdad: por la gracia de Dios y a través de la obra transformadora del Espíritu Santo, podemos entender a Dios, crecer en el conocimiento de Su Palabra y exponer los caminos de Jesús. A medida que nos deleitamos en Su ley, podemos hacer lo correcto según los estándares de Dios. Mientras caminamos según Sus estatutos, podemos aceptar y proclamar lo que somos como portadoras de Su imagen, que fueron redimidas por la sangre preciosa del Cordero. Podemos madurar en nuestra fe y crecer en nuestro carácter para fomentar el bienestar de los demás. Así mantenemos nuestro corazón intachable para glorificar a Dios y traer honor a nosotras y a nuestra gente.

Cuando acudimos a Su Palabra, también podemos recordar la hermosa intención de Dios al crear nuestro cuerpo físico.

Cuando vemos nuestro cuerpo físico desde la perspectiva divina, podemos decir, como el salmista: «Mis huesos no te fueron desconocidos cuando en lo más recóndito era yo formado, cuando en lo más profundo de la tierra era yo entretejido. Tus ojos vieron mi cuerpo en gestación» (Sal. 139:15-16a). ¿Puedes vislumbrar la intimidad, el cuidado y el interés que Dios mostró en ti y en mí al crearnos? Tus ojos, tu nariz, tu piel, tus caderas, tu personalidad, incluso tu cabello, todo glorifica a Dios. El hermoso misterio de entretejer todo lo que te transforma en lo que eres —en tu creación, en tu quebranto, en tu redención, en tu adopción a Su familia— es bueno, hermana. Sí que es bueno.

15. CÓMO CRIAR HIJOS
NEGROS CON ESPERANZA

KRISTIE ANYABWILE

Mi hijo no siempre supo que era negro.

Durante sus primeros siete años de vida, se refería a las personas hablando de matices de castaño y tostado, y por cierto, no sabía que ser negro podía transformarlo en un blanco fácil. Esto recién sucedió cuando nos mudamos a Estados Unidos en el verano de 2014, el verano de los asesinatos de Eric Garner, Mike Brown y John Crawford. Después de una crianza idílica en una isla tropical del Caribe, mi hijo tenía toda la incertidumbre y el entusiasmo que cualquier niño de siete años de la tercera cultura tendría al mudarse a su país de ciudadanía y vivir en una gran ciudad por primera vez.

Sin embargo, la incertidumbre pronto superó al entusiasmo, a medida que ese espantoso verano fue dando paso a una larga temporada de muerte de personas negras a manos de oficiales de policía, la cual culminó en la muerte a balazos de Tamir Rice, de doce años de edad.

Adelantemos cuatro años. Hace poco, mi hijo cumplió doce años. Por más que disfruté de celebrar este hito junto a él, no pude evitar dolerme por Samaria Rice, la madre de Tamir, la cual nunca podrá ver a Tamir transformarse en adolescente o en un joven. Ya no tendrá más estas primeras veces. Lo único que le quedan son las últimas veces. Su último abrazo, la última vez que dijeron «te amo», la última cita con el médico, su último viaje escolar, su último cumpleaños, su último momento gracioso, su último día en el parque con su pistola de juguete.

Cuando miro a mi hijo con su sudadera roja de Adidas con capucha, sus tenis de marca y sus pantalones vaqueros apenas anchos, lo veo tan lindo y me dan las mismas ganas de abrazarlo que cuando era un niñito pequeño. Pero sé que otros pueden percibirlo como una amenaza. El pecho se me paraliza con ansiedad por su futuro. ¿Tendrá un futuro o alguien se lo robará? ¿Tal vez incluso alguien que juró protegerlo?

Ahí está.

Mi miedo sobre la mesa.

Estoy segura de que no estoy sola. Todas experimentamos temor en diversos grados y circunstancias. Creo que todas las mamás experimentan miedo de algún tipo en relación a sus hijos, pero las mamás de los niños negros en Estados Unidos en particular viven con el zumbido constante del miedo resonando en sus oídos. Pero ¿qué podemos hacer? ¿Cómo combato mis temores con fe? Como mamá de un niño negro en Estados Unidos, ¿cómo me ayuda la Palabra de Dios a disipar mis miedos y criar a mi hijo?

He llevado mi temor al Salmo 119, y esto fue lo que el Señor me mostró.

CONSUELO

Que sea tu gran amor mi consuelo, conforme a la promesa que hiciste a tu siervo. Que venga tu compasión a darme vida, porque en tu ley me regocijo (vv. 76-77).

El actor principal del Salmo 119 es inconfundible. Las referencias a Dios y a Su actividad en las vidas de Su pueblo abundan. Dios obra en forma providencial y bien alineado con Su Palabra. Hace lo que dice, y una de las cosas que me dice y que hace por mí, la cual me da esperanza y acalla mi temor, es consolarme. Dios promete consolarnos en nuestros dolores, aflicciones, temores y angustias. Nos reconforta y nos recuerda Su gran amor, que nunca cesa y el cual ni siquiera la muerte puede extinguir. Sus misericordias son nuevas cada mañana y testifican de Su fidelidad (Lam. 3:22-23). Siempre que Su amor continúe, Su consuelo también lo hará.

Cuando tengo miedo del mundo que asedia a mi hijo o siento temor al pensar en que lo que lleva puesto o los lugares que frecuenta podrían terminar matándolo, o tengo miedo de que será parte de algún malentendido trágico, recuerdo el amor de Dios… el amor perfecto que echa fuera mi temor. Dejo mis ansiedades y temores a Sus pies, y en Su tierna misericordia, Él me reconforta. He aprendido a orar junto con el salmista: Señor, «acuérdate de la palabra que diste a este siervo tuyo, palabra con la que me infundiste esperanza. Este es mi consuelo en medio del dolor: que tu promesa me da vida» (Sal. 119:49-50).

MEDITA

> *Sean avergonzados los insolentes que sin motivo*
> *me maltratan; yo, por mi parte, meditaré en*
> *tus preceptos* (v. 78).

¡Qué locura pensar en lo que se arremolina en una mente temerosa! Pudiera permitir que mi temor me lleve por caminos oscuros hacia hoyos profundos y rincones sombríos. Para protegernos de esta tendencia, he descubierto que meditar en la Palabra de Dios vuelve a llevar a mi mente a concentrarse en todo lo que es verdadero, respetable, justo, puro, amable y digno de admiración (Fil. 4:8).

He descubierto que memorizar la Palabra de Dios me ayuda a meditar. Esconder la Palabra de Dios en nuestro corazón es un desafío que vale la pena aceptar, ya sea que memorices versículos, pasajes o libros enteros de la Biblia. El temor suele surgir en nuestro corazón cuando la mente está ociosa. Así que podemos aprovechar mejor esos momentos al meditar en porciones de la Escritura que hayamos memorizado. Podemos encontrar pequeños momentos para meditar en la Palabra de Dios mientras preparamos la comida para nuestra familia, mientras vamos en el auto por la autopista, nos duchamos, hacemos fila en el banco, esperamos al médico o hacemos ejercicio por el vecindario. Podemos redimir esos momentos improductivos al meditar en la Palabra de Dios.

Es interesante que dentro de la misma frase en la que se compromete a meditar en los preceptos de Dios, el salmista también le pide que avergüence a los insolentes. ¿Quiénes son los insolentes? Los orgullosos e impertinentes que hablan mucho pero no dicen nada. En nuestra época, vemos a los insolentes en televisión y los medios sociales, incluso en nuestras iglesias. Se jactan de sí mismos con aires pomposos y menosprecian a los demás de manera infantil. Distorsionan las estadísticas para confirmar sus preferencias. Aman el mal y dejan de lado la verdad. No obstante, Dios se encargará de ellos (Rom. 12:19). En vez de preocuparnos por lo que alguien puede decir, hacer o tuitear, somos libres de poner el corazón y la mente en cuestiones celestiales en vez de terrenales. Recuerda: Dios es el actor principal. Él hará justicia. Él humillará a los orgullosos. Él silenciará a los enemigos. Él se vengará de los hacedores de maldad. Él nos consolará, mientras meditamos en Su Palabra.

REFUGIO

Tú eres mi escondite y mi escudo; en tu palabra he puesto mi esperanza (v. 114).

Recuerdo la primera vez que le enseñé el Salmo 119:9 a mi hijo. Estábamos leyendo un libro para niños basado en este versículo, que se llamaba *El escudero y el pergamino*. El joven escudero de la historia se embarcaba en un peligroso viaje con su caballero para encontrar un farol especial que se había robado un dragón malvado. Recuperar este farol restauraría la paz y la alegría en su tierra natal. Los padres del escudero le dieron un pequeño pergamino con reglas que el joven debía recordar en su viaje para mantener su corazón puro. Esas reglas salvaron al escudero de peligros reales y presentes en su travesía.

Por más que me encantaría hacerlo, no puedo proteger siempre a mi hijo como si fuera la Mujer Maravilla, con mis brazaletes de metal repeliendo los dardos, las flechas, los disparos y las tentaciones del mundo. Sin embargo, Dios le ofrece protección a través de Su Palabra. La Palabra le recuerda que mantenga su camino en pureza, guardándolo según la Palabra de Dios, y lo anima a buscar al Señor con todo su corazón y a no desviarse de Sus mandamientos (Sal. 119:9-10). Hay una seguridad eterna allí, incluso si no puedo garantizar su seguridad aquí.

La Palabra de Dios es un escondedero y un escudo para mi hijo y para mí. Como dice un antiguo himno:

Si mantengo la paz y permito que el Señor pelee mis batallas, la victoria, la victoria será mía.

Él me llama a permanecer firme en la fe, a defender la justicia, a permanecer firme en el evangelio y a confiar en que Él me guardará y protegerá mi corazón mientras yo espero en Su Palabra sin temor.

Meditar en la Palabra de Dios me trae consuelo en medio de mis temores y me sirve de refugio mientras lo represento y le confío el futuro de mi hijo. No importa adónde lo lleve su futuro, mi oración es que lo lleve directo a los brazos de Jesús con una fe duradera que resista las pruebas de esta vida y tenga la mira puesta en la eternidad.

También tengo hijas, y con ellas, otros temores. Pero esta es la meditación de una mamá sobre cómo la crianza de un hijo afroamericano en este país me ha llevado tanto a un temor más grande de lo que jamás había experimentado como también a una confianza más profunda en el Señor. Su Palabra me anima a seguir adelante y me da valor con esta esperanza. Para parafrasear a Martin Luther King:

> *Quiero estar ahí con amor, justicia, verdad*
> *y compromiso para mi hijo y para los hijos*
> *de los demás, de manera que podamos transformar*
> *este viejo mundo en un mundo nuevo.*

16. AFERRARSE AL SALVADOR EN MEDIO DEL SUFRIMIENTO

DENNAE PIERRE

Hace unos años, mi familia recibió a tres mujeres haitianas y a sus hijos de una iglesia en nuestro vecindario. Estas mujeres y sus hijos habían llegado a Estados Unidos apenas el día anterior, cruzando desde Guatemala por la frontera de Arizona. Habían perdido todo en el terremoto en Haití en 2010, y después de pasar seis años en un campamento para refugiados en Guatemala, su familia en Estados Unidos ahorró lo suficiente como para traerlos al país.

En la frontera de Arizona, pidieron estado de asilo, les pusieron tobilleras y los trajeron a una iglesia mientras esperaban que un ómnibus los llevara a Nueva York para quedarse con su familia. Allí, esperarían su turno con el tribunal, donde se decidiría si se les deportaría o si se les otorgaría asilo. Nuestra familia los hospedó varios días antes de que siguieran rumbo al norte.

Las mujeres nos hablaron de su largo viaje por el bosque y el desierto. Una lloraba mientras abrazaba más fuerte a su hijita, sentada en su falda, y nos dijo que su viaje había empezado junto con su esposo y la hermana melliza de la pequeña que tenía en brazos. Nos contó cómo, en el transcurso de un día, quedaron separados en el bosque. Ella y una de las mellizas llegaron a la ciudad próxima. Su esposo y la otra hija jamás llegaron.

Al tiempo, se enteró de que su esposo y la otra hija habían sido atrapados y detenidos, y se les enviaría de regreso al campamento para refugiados en Guatemala. Mientras se secaba las lágrimas, nos transmitió su deseo desesperado de que la hija que había quedado atrás no creyera que su madre había elegido a su hermana para llevarla a un lugar seguro en vez de a ella. Hizo una pausa… y luego prorrumpió en lamento y alabanza al Señor porque su esposo y su otra hija estaban vivos y juntos, aunque los extrañara terriblemente. Las otras mujeres lloraron y alabaron a Dios con ella.

Estaban sentadas alrededor de nuestra mesa con el cuerpo agotado, los pies hinchados, un futuro incierto y bebés que lloraban. En poco tiempo de estar con ellas, pudimos percibir su anhelo de un futuro lleno de promesa, pero también el peso aplastante de saber que lo más probable era que su deseo no se cumpliera y que terminaran deportándolas. En las historias de estas mujeres, pude ver esperanza, dolor, gozo y angustia, y mi fe se fortaleció al ver su confianza en que Dios seguía estando a su lado.

Mis hijos se quedaron sentados escuchando a nuestras invitadas. Apenas una generación atrás, la familia de mi esposo estaba en Haití y mi propia madre, en Honduras. Somos una familia de inmigrantes, y estas queridas hermanas señalaron a mis hijos y dijeron que nuestra familia representa lo que ellas anhelan para sus hijos en el futuro.

CUANDO IRRUMPE LA LUZ DE DIOS

Cuando llegues a la sección de *caf* en el Salmo 119, y empieces a meditar en los versículos 81-88, aborda este pasaje teniendo en mente la escena que describí alrededor de nuestra mesa. En una situación similar a mi fin de semana con estas hermanas de Haití, este salmo te invita a dar testimonio del dolor y las angustias de otros. Está pensado para despertar en ti imágenes e historias de tu propio dolor, de los sufrimientos de aquellos a los que amas y las luchas que amenazan con aplastar a tus vecinos, tanto en tu propia ciudad como en todo el mundo. Siempre que llegamos a estos momentos donde vemos la luz de Dios irrumpir en las tinieblas de la dificultad, la angustia y la muerte, pisamos terreno santo.

UN ANHELO DE SALVACIÓN

> *Con ansia espero que me salves; ¡he puesto mi esperanza en tu palabra! Mis ojos se consumen esperando tu promesa, y digo: «¿Cuándo vendrás a consolarme?». Aunque soy un viejo inútil y olvidado, no me he olvidado de tus leyes* (vv. 81-83, DHH).

La enfermedad, la muerte, la violencia, la pérdida, el dolor, la traición, la injusticia y la opresión no es lo único que nos aplasta y nos abruma. El sufrimiento se experimenta de manera mucho más profunda debido al deseo humano de alivio de estas cosas que nos aplastan. El anhelo de salvación es profundo dentro de cada uno de nuestros huesos. Es este anhelo de rescate lo que causa la puntada más aguda de dolor en medio del sufrimiento.

Los individuos y las comunidades enteras no pueden evitar luchar contra el peso del sufrimiento. Si no lo hacemos, es un peso que nos aplasta y termina por extinguir nuestra vida, porque sin esperanza tan solo existimos, no vivimos. No obstante, empujar contra estos pesos nos debilita los brazos y desgasta nuestro corazón. Si tan solo supiéramos cuánto durará esta carga, tal vez podríamos perseverar y no cejar, pero el sufrimiento nos resulta insoportable cuando no parece haber final a la vista. Sin embargo, de manera paradójica, el sufrimiento puede amplificarse extrañamente ante la posibilidad del consuelo y el rescate.

Entonces, el salmista comienza esta estrofa declarando que su alma espera «con ansia» la salvación. Otros traducen el versículo 81 con expresiones más fuertes:

> *«Esperando tu salvación se me va la vida»* (NVI).
> *«Desfallece mi alma por tu salvación»* (RVR1960).
> *«La vida se me escapa, la vista se me nubla, esperando que cumplas tu promesa de venir a salvarme»* (TLA).
> *«Siento que me muero esperando tu salvación»* (RVC).

El salmista se siente como un odre al humo; está seco, se siente inútil y sin nada para ofrecer. Casi que podemos oír la desesperación y la desesperanza, pero él sigue adelante a pesar del dolor porque espera en la Palabra de Dios. Hace mucho que siente que su sufrimiento lo dejará agotado y sin nada más para dar, pero sigue aferrado a la Palabra de Dios y espera a que su Dios lo reconforte.

La transformación sucede cuando permanecemos en Dios incluso mientras permanecemos en el sufrimiento. ¿Cuán a menudo nos encontramos con el sufrimiento y queremos evitarlo? Empezamos a buscar nuestros propios caminos de salvación. Nos adormecemos o nos distraemos e intentamos con desesperación encontrar una estrategia de salida. Nos ofrecemos unos a otros frases trilladas comunes entre los cristianos, pero minimizamos, ignoramos o desestimamos lo que sucede. En cambio, cuando nos damos cuenta de que debemos permanecer en nuestro sufrimiento y de que por ahora no hay escape, perdemos la esperanza en la salvación de Dios. El cinismo se instala y el dolor se transforma en nuestra nueva identidad. El salmista no comete ninguno de estos errores. No huye del sufrimiento ni pierde de vista a Dios. Sigue esperando, aun si debe esforzar la vista mientras espera que Dios lo rescate.

¿Cómo permanecemos cerca de Dios a través del sufrimiento? El salmista nos muestra la manera: a través de la oración y la Palabra. Mientras clama a Su Dios vivo, se amarra a la Palabra de Dios; y mientras espera que Él lo salve, la oración mantiene sus dedos firmemente aferrados a la soga que lo sostiene. Se aferra a la Palabra de Dios, agotado, sabiendo que el Dios vivo es quien sostiene el otro lado de esa soga y que este Dios lo librará, porque Su carácter se lo exige.

Dios es un Dios que se metió en medio del dolor, el sufrimiento y la tribulación de Su pueblo y los sacó de la esclavitud para incluirlos en Su propia familia. Dios es un Dios que los formó y los bendijo y que seguirá liberándolos porque ese es el Dios que es. Dios es un Dios cuyos estatutos revelan Su carácter: el carácter de un Dios que tiene un largo historial de actuar con justicia, pureza, gracia y misericordia para con Su pueblo. Como lo sabe, el salmista se aferra al Señor y clama a Él mientras aguarda con esperanza.

LOS POZOS MIENTRAS ESPERAMOS

En los versículos 84-87, el salmista revela la profundidad de su sufrimiento. Los insolentes lo persiguen y lo rodean, por poco lo «borran de la tierra». Conoce íntimamente la opresión —lo que se siente al estar rodeado de arrogantes y lo que significa sentirse aplastado por la maldad—, y la angustia y la vergüenza lo han hundido.

Cuanto más sufrimos, más pozos encubiertos encontraremos. Al vagar por el desierto del sufrimiento durante un tiempo prolongado, empezamos a tener calor y a sentirnos agotados y desgastados. Nos sentimos solos y anhelamos desesperadamente una salida.

Algunos pozos los cavamos nosotras mismas, al tomar buenas dádivas de la creación de Dios y distorsionarlas para transformarlas en un medio para nuestra salvación. Estos pozos de idolatría proporcionan un alivio temporal, mientras que nos llevan a la muerte. Sin embargo, algunas encuentran sufrimiento en medio de sistemas y poderes que han cavado pozos. Los débiles, los cansados y los que tienen pocos recursos, que a menudo están escondidos de los demás, terminan siendo tragados por estos peligros. Exhaustos, desgastados y solos, estos transeúntes se encuentran atrapados al fondo de un pozo, esperando.

Un milenio después de que se escribiera este salmo, Jesús llegaría a estos pozos y declararía a las prostitutas, a los cobradores de impuestos, a los poseídos por demonios y a los pobres atrapados allí que el reino de Dios estaba entre ellos y que Él sería la salida de esos pozos. Muchos habían pasado junto a estos marginados y habían visto que estaban atascados en un pozo. La mayoría de sus vecinos creían que esta gente merecía estar ahí; muchos se habían acostumbrado tanto a pasar junto a ellos que empezaron a ignorar directamente su existencia. Algunos más amables les arrojaban un par de monedas y seguían su rumbo, mientras que los más crueles les escupían y maldecían. Pero nadie se había ofrecido a levantarlos y a volver a poner sus pies sobre terreno firme. No es ninguna sorpresa que, cuando Jesús llegó, los vio y les ofreció bondad y salvación, ellos se sentaran a Sus pies y los lavaran con lágrimas y besos (Luc. 7:36-50).

La buena noticia que Jesús declaró al pararse sobre esos pozos, y anunciar que el reino había llegado, era que ya no era necesario que estas personas siguieran atrapadas en los pozos de destrucción y desesperación. Ya no tendrían que vagar por el desierto, débiles y solos, intentando no caer. ¡Había llegado la salvación! Jesús no había venido simplemente a extender la mano con amabilidad dentro del pozo, para ofrecerles a aquellos que todavía tuvieran algo de fuerza una salida, sino que Él mismo había entrado a los pozos de la humanidad. Descendió hasta el fondo. Reiría, lloraría, dormiría y descansaría entre amigos. Sanaría, restauraría y renovaría. Moriría en la cruz y entraría al más profundo de todos los pozos, y tres días más tarde volvería a levantarse, liberando a los cautivos y llenando los pozos con un nuevo reino que ofrece salvación solo en Cristo.

El Dios al que adora el salmista es el Dios que creó los cielos y la tierra. Es el mismo Dios que llamó a Abraham, a Isaac y a Jacob, y que los bendijo para que fueran de bendición. Es el mismo Dios que libró a Su pueblo de la esclavitud en Egipto y que los transformó en una gran nación. El salmista confía en el Dios que estableció un reino en Israel y que prometió una salvación que llegaría a los confines de la tierra y a las profundidades más insondables. Lo que sostiene la esperanza del salmista en medio del sufrimiento solo puede encontrarse más atrás, en las muchas obras maravillosas del Dios que ha probado Su fidelidad una y otra vez, y también más adelante, en la esperanza de la sanidad, la restauración y la renovación que vendrán cuando este Dios fiel lo libere a él y a todo su pueblo. Y hoy, podemos decir lo mismo.

AFÉRRATE A SU ABRAZO

No hay mejor versículo para cerrar nuestra meditación sobre este pasaje que el último de la estrofa *caf*: «Por tu gran amor, dame vida y cumpliré tus estatutos» (v. 88). Otra traducción declara: «Dame vida, de acuerdo con tu amor, y cumpliré los mandatos de tus labios» (DHH). Hay un sufrimiento que nos aplasta y nos despoja. Hay sistemas y pesos de opresión que nos abruman y amenazan con extinguir la esperanza. Hay relaciones que parecen estar más allá de la restauración. Hay dolores y pérdidas que dejan cicatrices en nuestro corazón y nuestras vidas. Para mezclar mis metáforas, hay una oscuridad opresiva que parece devastar nuestras ciudades como un huracán que va dejando una estela de destrucción. A menudo, miramos todo este sufrimiento y nos abruma nuestra impotencia, debilidad y soledad.

Sin embargo, podemos soltar las herramientas que usamos para abrir nuestros propios caminos a la salvación y aferrarnos en cambio al abrazo del Dios cuyo «gran amor» lleva sobre Su propio cuerpo cada cicatriz, herida y golpe que nos ha tocado recibir. Esta hermosa verdad, manifestada en nuestras vidas de innumerables maneras, es la que nos llena de esperanza y de gozo. Y es suficiente para andar guiados por los testimonios de Dios, aun mientras sufrimos y esperamos, porque en estos testimonios es donde nuestra esperanza es restaurada.

17. LA VIDA NO HA SIDO NINGUNA ESCALERA DE CRISTAL

KRISTIE ANYABWILE

Los poemas tienen la capacidad de captar toda una vida en pocas palabras. Comunicar ciertas ideas o historias requeriría volúmenes de prosa, pero pueden comunicarse de forma creativa, sucinta y memorable en un poema. Uno de estos poemas se llama *«Mother to Son»* [De madre a hijo], escrito por el poeta afroamericano Langston Hughes.

> *Well, son, I'll tell you:*
> *Life for me ain't been no crystal stair.*
> *It's had tacks in it, and splinters,*
> *And boards torn up,*
> *And places with no carpet on the floor—*
> *Bare.*
> *But all the time*
> *I'se been a-climbin' on,*
> *And reachin' landin's,*
> *And turnin' corners,*

And sometimes goin' in the dark
Where there ain't been no light.
So boy, don't you turn back.
Don't you set down on the steps
'Cause you finds it's kinder hard.
Don't you fall now—
For I'se still goin', honey,
I'se still climbin',
And life for me ain't been no crystal stair.

Bueno, hijo, te diré:
La vida para mí no ha sido ninguna escalera de cristal.
Ha tenido tachuelas y astillas,
Algunos tablones levantados,
Y lugares sin alfombra en el suelo…
vacíos.
Pero en todo momento
Ha sido cuesta arriba,
Llegar a un descanso
Y volver a girar,
y a veces, caminar a oscuras
Donde no hay ninguna luz.
Así que, m'ijo, no te des la vuelta.
No te sientes en los escalones
Porque te resultan un poquito difíciles.
No te caigas, por favor.
Porque la subida sigue, mi amor,

Hay que seguir trepando,
Y la vida para mí no ha sido ninguna escalera de cristal.

Este poema expresa la vida difícil de una madre, pero también ofrece esperanza de que sus tribulaciones no tienen la última palabra. Los descansos a los que se llega, los giros que se dan y el destino final hacen que valgan la pena el dolor y las cicatrices de la subida. ¿Cómo perseveraría un cristiano a través de dificultades como las que ella enfrentó? Este pasaje nos ayudará a responder a esa pregunta. Nos llama a subir la escalera de la vida, hacia el lugar donde el Señor está sentado en el trono y reina para siempre. Demuestra que la perseverancia viene de una perspectiva transformada, la cual nos anima en medio de nuestras pruebas a no darnos la vuelta ni sentarnos en los escalones cuando la vida se ponga difícil, sino a fijar la mirada en Aquel cuya Palabra permanece para siempre.

ESTABLECIDA EN EL CIELO

Tu palabra, SEÑOR, es eterna,
y está firme en los cielos (v. 89).

La Palabra de Dios es el fundamento de todo lo que existe. El Señor estableció la tierra en sus cimientos, para que jamás se mueva (Sal. 104:5). Todos y todo lo que ha existido alguna vez o llegue a existir dependen de la cualidad eterna de la Palabra de Dios. Ningún poder terrenal puede alcanzarla, cambiarla ni torcerla. Sin embargo, la Palabra de Dios no está aislada de Su creación. Tiene un vínculo inseparable con el mundo porque el mundo existe gracias a esa Palabra. Tal como leemos en Génesis 1, Dios habló y fueron creados los cielos y la tierra, mediante Su palabra poderosa y creativa. En Su gracia, Dios ha entretejido Su Palabra y Su mundo.

Su poder, sabiduría y entendimiento se manifiestan en Su Palabra (Isa. 54:10-11). Las promesas de Dios se manifiestan en Su Palabra, la cual es segura porque Él cumple Su pacto. Es el único que puede prometer con una certeza eterna que Su Palabra es verdad.

PARA TODAS LAS PERSONAS DE TODOS LOS TIEMPOS

> *Tu fidelidad permanece para siempre;*
> *estableciste la tierra, y quedó firme* (v. 90).

En 1 Crónicas 16:1-7 se nos dice que, cuando el arca de Dios (el lugar de la presencia del Señor entre Su pueblo) se había completado y colocado dentro de la tienda de reunión, y después de que se hicieron las ofrendas y se ofrecieron oraciones por su finalización, el rey David comisionó a los levitas «para que ministraran, dieran gracias y alabaran al Señor, Dios de Israel» (1 Crón. 16:4). El estribillo de la canción que escribió David para esta ocasión festiva y sagrada fue:

> *¡Alaben al Señor porque él es bueno, y su gran amor*
> *perdura para siempre!* (1 Crón. 16:34).

Por cierto, este se transformó en el estribillo de muchas canciones de David. Era su respuesta a la manera en que Dios se había revelado a Su pueblo y les había mostrado la fidelidad a Su pacto y Su bondad. Dios habla fielmente a todas las generaciones porque Su amor permanece por todas las generaciones.

LA PALABRA PERDURA SOBRE LA AUTORIDAD DE DIOS

> *Todo subsiste hoy, conforme a tus decretos,*
> *porque todo está a tu servicio* (v. 91).

El Señor sustenta el universo por la palabra de Su poder (Heb. 1:3): «Él es anterior a todas las cosas, que por medio de él forman un todo coherente» (Col. 1:17). Dios es soberano sobre Su mundo. El cielo y la tierra demuestran Su gobierno y autoridad. Incluso ahora permanecen, pero no por su cuenta y por cierto no gracias a nosotras, sino porque Él gobierna todas las cosas. Ningún propósito humano ni poder de la oscuridad puede quitarle a Dios lo que Él sostiene con el poder de Su Palabra.

EL DELEITE Y LA VIDA

> *Si tu ley no fuera mi regocijo, la aflicción habría acabado*
> *conmigo. Jamás me olvidaré de tus preceptos, pues con*
> *ellos me has dado vida* (vv. 92-93).

Desde el versículo 92 hasta el final, el salmo adopta una perspectiva más personal. El salmista reflexiona sobre la eficacia de la Palabra de Dios como algo evidente en sus circunstancias personales. Se encuentra en medio de la aflicción. Los malvados complotan para destruirlo. Pero como él medita en la Palabra eterna y perdurable de Dios, sabe que sus tribulaciones son limitadas y temporales. No permanecerán. No tienen ninguna autoridad sobre su vida. La Palabra de Dios sí la tiene. Entonces, él no se concentra en su aflicción, sino en la Palabra de Dios que deleita y da vida.

Sin la Palabra de Dios, es como «caminar a oscuras, donde no hay ninguna luz». Para el creyente que vive en medio de un mundo perverso, no hay deleite. Pero con la Palabra de Dios, podemos entrar al atrio de los malvados armados con la verdad que nos permite pararnos seguras del juicio de Dios más que del juicio del hombre. Por eso, el salmista jamás olvidará la Palabra de Dios. Se apoya en las promesas y los preceptos de Dios y estos son su deleite en la vida en medio de la aflicción, tal como Spurgeon escribió en *The Golden Alphabet* [El alfabeto dorado]:

> *¡Qué bendición es tener los preceptos escritos en el corazón con el bolígrafo dorado de la experiencia y grabados en la memoria con el estilete divino de la gracia! El olvido es un gran mal en cuestiones sagradas.*

¿Conoces esa sensación satisfactoria que experimentas cuando tuviste algo en la punta de la lengua todo el día y por fin lo recuerdas (en general, a eso de las tres de la mañana)? ¡Cuánto más satisfactorio es recordar la Palabra de Dios! No solo satisface, sino que también nos revive, nos da vida y nos sustenta.

LA PALABRA ES ACCESIBLE

Jamás me olvidaré de tus preceptos, pues con ellos me has dado vida. ¡Sálvame, pues te pertenezco y escudriño tus preceptos! Los impíos me acechan para destruirme, pero yo me esfuerzo por entender tus estatutos (vv. 93-95).

Estos versículos nos ayudan a meditar en la accesibilidad, la influencia y el poder de la Palabra de Dios. La Palabra de Dios implantada en nuestro corazón no vuelve vacía. Permanece con nosotras, a veces en forma latente, y Dios la usa para darnos vida. Como lo expresó Spurgeon: «Aquello que estimula el corazón sin duda estimula también la memoria». El salmista ora para que Dios lo salve (v. 94a), y luego proporciona la evidencia de que pertenece a Dios; en concreto, que ha escudriñado Sus preceptos (v. 94b). En otras palabras, apela a Dios con seguridad, apoyado en su relación con Él.

El salmista podría haber considerado su aprieto a la luz de sus enemigos. En cambio, consideró a sus enemigos a la luz de su Señor. Nada podría darle tal confianza para pedir excepto la seguridad de saber que pertenecía a Dios y que Dios escuchaba y respondía. Precisamente porque los cristianos pertenecemos a Dios, sabemos que Él nos escucha y responde a nuestro clamor. Solo esta garantía de la pertenencia inspira la clase de osadía santa que vemos en el salmista. Esta seguridad nos da el valor para seguir trepando, llegar a descansos y volver a girar.

Todas tenemos enemigos… el mundo, la carne y el diablo. Siempre conspiran en nuestra contra. Nuestro enemigo merodea como un león, buscando a quién devorar, y nosotras debemos resistirlo y estar firmes en nuestra fe (1 Ped. 5:8-9a), al meditar en la Palabra fiel del Señor.

LA PALABRA NO TIENE LÍMITES

He visto que aun la perfección tiene sus límites; ¡solo tus mandamientos son infinitos! (v. 96).

El poder y la autoridad de Dios se extienden a toda nación, lengua y tribu; a todo grupo económico y clase social; a ambos géneros y a cada orientación sexual; a cada ideología política y filosófica; a toda edad y habilidad y a cada pecador y a cada santo. Hasta ahora, hemos hablado de «la Palabra», como si fuera meramente lo que proviene de Dios. La Palabra es más que eso. Tal como Dios nos lo revela en el Nuevo Testamento, la Palabra es una persona. La Palabra es Cristo.

En el principio la Palabra ya existía. La Palabra estaba con Dios, y la Palabra era Dios. El que es la Palabra existía en el principio con Dios. Dios creó todas las cosas por medio de él, y nada fue creado sin él. La Palabra

le dio vida a todo lo creado, y su vida trajo luz a todos
(Juan 1:1-4, NTV).

Además…

> *… la Palabra se hizo hombre y vino a vivir entre*
> *nosotros. Estaba lleno de amor inagotable y fidelidad.*
> *Y hemos visto su gloria, la gloria del único*
> *Hijo del* Padre (Juan 1:14, NTV).

La Palabra que creó el mundo es la misma que lo sustenta hasta hoy. Y es el mismísimo Jesucristo, el cual es tanto Dios como hombre. La perseverancia duradera en la aflicción no viene al alcanzar hitos terrenales, como subir escalones y llegar a un descanso (como los que mencionaba la madre en el poema que vimos antes). La perseverancia que permanece viene solo a través de una relación con Jesucristo, Aquel en quien y por quien vemos «abrirse el cielo, y a los ángeles de Dios subir y bajar sobre el Hijo del hombre» (Juan 1:51).

Jesús sin duda sabía y recitaba el Salmo 119 en canto y en oración porque conocía la necesidad y el valor de la obediencia en medio de las dificultades. Es maravilloso que nuestro Salvador haya rogado que la copa de juicio de Dios pasara de Él pero, aun así, haya cumplido la voluntad de Su Padre con obediencia. Es aleccionador que el Padre haya respondido al ruego de Jesús diciendo: *No, esta es tu copa; debes beberla entera, porque esta es mi voluntad para ti.* Y Jesús obedeció. Llevó sobre sí todo el peso de la ira de Dios al morir en la cruz por nosotros. Tres días más tarde, se levantó de la tumba, demostró Su poder sobre el pecado y la muerte y garantizó la vida de resurrección para nosotras cuando nos arrepentimos de nuestros pecados y confiamos en Él. Y ese es solo el principio. A medida que concentramos nuestro corazón y nuestra mente en la Palabra de Dios, Él continúa transformándonos más y más a la semejanza de Su Hijo.

Todos experimentarán problemas, dolor, angustias y aflicción. Tal vez estás buscando trabajo y te preocupan tus finanzas; quizás tienes una relación difícil con tu cónyuge o tu pareja y no estás segura de cómo avanzar; tal vez estás cuidando a padres enfermos, deseas mostrar tu apoyo pero te sientes agotada y abrumada. Quizás estás luchando con una adicción o con algún pecado sexual en secreto y te pone nerviosa hablarlo con el líder de un grupo pequeño o con un pastor; tal vez eres una joven mamá que está pasando un tiempo difícil, te cuesta mantener los ojos y el corazón abiertos a los que tanto te necesitan y te exigen; quizás eres una viuda que está intentando encontrarle sentido a la vida sin su compañero o puede ser que te esté costando perdonar y que no puedas ver más allá de la amargura y el enojo. O quizás, o quizás, o quizás... Sin duda, para todas nosotras, la vida no ha sido ninguna escalera de cristal.

No deberíamos sorprendernos cuando lleguen dificultades a probarnos, como si nos estuviera sucediendo algo extraño. En cambio, podemos (y deberíamos) regocijarnos en nuestras pruebas (1 Ped. 4:12-13). Esto no es un llamado a anhelar el sufrimiento y sus desafíos. Nadie espera con ansias las dificultades ni le pide a Dios que las apile sobre sí. No. Pero sí nos regocijamos en el fruto espiritual que producen nuestras pruebas en nosotras (Sant. 1:3-4). Junto con el salmista, recibimos consuelo en la aflicción al deleitarnos en la Palabra de Dios. En el poema «*Mother to Son*», la madre fue sincera con su hijo respecto a la realidad de las tribulaciones en la vida, pero también fue firme al alentar a su hijo a perseverar tal como ella había perseverado. Los cristianos somos llamados a algo más que soportar en nuestras propias fuerzas. Nuestro sufrimiento y tribulaciones deben hacernos madurar y llevarnos a depender más de Cristo. Perseveramos por Su poder que obra en nosotras. Nuestros problemas son peldaños hacia la perseverancia y un camino al gozo.

A veces, lo último que quieres hacer cuando estás sufriendo o te sientes cansada o preocupada es tomar tu Biblia. Quizás estés exhausta, herida, avergonzada, enojada, amargada, abrumada o preocupada. Pero si estás absorta en la Palabra eterna y perdurable de Dios —y ves tus circunstancias pasajeras a la luz de Su Palabra—, encontrarás luz y vida y la capacidad de perseverar en el peor de los tiempos.

Tu palabra, SEÑOR, es eterna, y está firme en los cielos (v. 89).

18. LAS MEDITACIONES DE NUESTRO CORAZÓN

SHAR WALKER

Aquello que amamos ocupa nuestros pensamientos, y nuestros pensamientos controlan nuestras acciones.

Cuando me estaba enamorando del hombre que ahora es mi esposo, gran parte de mi energía mental estaba dedicada a él. Mientras estábamos separados, pensaba en lo que estaría haciendo. Me preguntaba cuándo sería nuestro próximo encuentro. Soñaba despierta con lo que sería estar casados y con nuestro futuro juntos.

¿Qué me dices de ti? ¿Qué es lo que amas? ¿Qué pensamientos se filtran entre las grietas de tu mente a lo largo del día? ¿En las palabras de quién meditas? ¿En las tuyas? ¿En las de otras personas? ¿En las del Señor? Aquello que amamos ocupa nuestros pensamientos, y nuestros pensamientos controlan nuestras acciones.

LA PALABRA QUE CAMBIA VIDAS

En el Salmo 119:97-104, vemos el amor de David por la Palabra de Dios; un afecto profundo y satisfactorio por ella que controla sus pensamientos y acciones. La Palabra de Dios tuvo beneficios transformadores para David: una sabiduría superior a su edad, profundidad de entendimiento y santidad, por nombrar algunos. Amaba la Palabra de Dios no porque amara el conocimiento o la sabiduría que obtenía de ella, sino porque amaba a su Autor. La Palabra de Dios es el camino mediante el cual lo conocemos a Él, Sus pensamientos, lo que le gusta y lo que detesta. Es la gran reveladora de Dios (2 Tim. 3:16), de nosotras mismas (Heb. 4:12) y del mundo. Por lo tanto, debe influir en todo lo que pensamos, lo que decimos y lo que hacemos. Al igual que David, podemos encontrar en la Palabra de Dios el poder incalculable para darnos sabiduría en la juventud, entendimiento de verdades profundas y una determinación en favor de la santidad.

Entonces, ¿cómo participamos de estos efectos de la Palabra de Dios que transforman la vida? Aprendiendo a abordarla de tres maneras: al meditar, entender y obedecer.

MEDITA

Nos encanta pensar en aquello que amamos. En el versículo 97, David exclama: «¡Cuánto amo yo tu ley!». Esta no es ninguna proclamación forzada, sino la efusión del afecto de su corazón. En cierto sentido, amar algo es vivir como si no pudieras vivir sin eso. Experimentamos una sensación de necesidad y deseo por ello. Sabemos que David amaba la Palabra d Dios porque pensaba en ella.

La Palabra de Dios era la meditación del salmista todo el día. La palabra hebrea para «meditación» aquí significa «el objeto de reflexión, estudio u oración». En la meditación bíblica, llenamos nuestra mente para pensar profundamente en un versículo, un pasaje o un tema. La diferencia entre leer la Palabra de Dios y meditar en ella es la misma que hay entre rastrillar y cavar. De la misma manera en que uno rastrilla hojas, se puede leer la Biblia en amplitud y consumir grandes porciones a la vez. Hay un lugar y un momento para rastrillar la Palabra de Dios, y algunas partes (como los relatos del Antiguo Testamento) se prestan bien para esta práctica. Pero al cavar, se lee la Biblia en profundidad. Te concentras profundamente en cada palabra, matiz, tono y emoción. Los pozos se pueden cavar muy hondos, y lo mismo se puede decir de la Palabra inagotable de Dios. La meditación es como cavar: lleva tiempo y energía, pero el entendimiento que trae es más profundo, pleno y robusto.

Hay muchas maneras de meditar en la Palabra de Dios. Una de ellas es a través de la canción. Los afroamericanos tienen un rico legado de ancestros que meditaban en temas de la Escritura cantando en medio de situaciones devastadoras. Puedo imaginar a mi abuela mecerse mientras tarareaba una conocida canción de góspel, *«His Eye is on the Sparrow»* [Él cuidará de mí], con los ojos cerrados mientras se balanceaba suavemente. Yo sabía que estaba acercándose a Dios en medio de su angustia. Confiaba en que Jesús era la Luz incluso en sus propias tinieblas. Sus lágrimas le humedecían los pómulos altos que tenía, cada gota con su propia historia amarga. Solía imaginar que el Dios al cual ella oraba le susurraba palabras amorosas de consuelo al oído mientras ella meditaba.

Incluso hoy, el estribillo se transforma en mi propia meditación cuando me siento angustiada:

> *¿Cómo podré estar triste?*
> *¿Cómo entre sombras ir?*
> *¿Cómo sentirme solo*
> *y en el dolor vivir?*
> *Si Cristo es mi consuelo,*
> *Mi amigo siempre fiel,*
> *Si aun las aves tienen*
> *Seguro asilo en Él.*
> *Si aun las aves tienen*
> *seguro asilo en Él.*
>
> *Feliz cantando alegre,*
> *Yo vivo siempre aquí,*
> *Si Él cuida de las aves,*
> *Cuidará también de mí.*

Este himno medita en la enseñanza de Jesús a los discípulos de no estar ansiosos por las cosas de la vida, en Mateo 6:25-26. Lo escribió en 1905 Civilla D. Martin, la cual vio a su amiga postrada en la cama y al esposo lisiado de su amiga vivir con esperanza en medio de un terrible sufrimiento. Cuando Civilla

Martin le preguntó a su amiga cuál era su secreto, ella respondió: «Si Él cuida de las aves, cuidará también de mí».

Al cantar, impulsamos a nuestro corazón a meditar y a alinearse con la Palabra de Dios y con Sus promesas de cuidarnos, proveer para nuestras necesidades y darnos una paz inexplicable.

En la vida, siempre meditamos en algo; lo importante es en qué. De una u otra manera, algo ocupará nuestros pensamientos. Un arzobispo de Canterbury del siglo XX, William Temple, dijo una vez: «Tu religión es aquello que haces con tu soledad». Cuando David estaba solo, meditaba en el objeto de su afecto: Dios. ¿Y nosotras? Nuestros pensamientos siempre se vuelcan a algo, y es fácil permitir que se vuelquen a cualquier cosa menos a Dios y a Su Palabra. Todas hemos experimentado lo que es tener el pensamiento fijo en algo que nos roba la paz y el gozo. En tu caso, quizás sea una enfermedad crónica, una relación tensa, ansiedad sobre el futuro, problemas financieros, el cuidado de un padre anciano, la muerte de un ser querido, el estrés de la escuela o un hijo descarriado. Meditar en la Palabra de Dios cuando nuestra mente está naturalmente llena de otras inquietudes lleva a nuestro corazón a concentrarse y volver a alinearse con Dios. En momentos donde nos sentimos abrumadas por la ansiedad, tener la Palabra de Dios atesorada en nuestro corazón (Sal. 119:11) nos permite recordarnos lo que es verdad sobre Dios, sobre nosotras y sobre el mundo. Tal vez no cambie nuestra situación, pero sí nos cambiará a nosotras. Y así, cambiará nuestros sentimientos y nuestra respuesta a la situación, llevándonos a un lugar de refugio donde el Espíritu Santo nos recuerda que, en todo momento, Dios está obrando de miles de formas diferentes que no podemos ver ahora. Él cuida de las aves y cuida también de mí.

ENTIENDE

Meditar en la Palabra de Dios permite una comprensión más profunda. David hace dos comparaciones para mostrar cómo lo ha ayudado la Palabra de Dios. En los versículos 98-99, dice que la Palabra de Dios lo ha hecho más sabio que sus enemigos, y le ha dado más discernimiento que sus maestros.

La sabiduría no es solo la capacidad de discernir lo bueno de lo malo, sino también de saber cuál es el mejor proceder en determinada situación. Para un rey como David, la sabiduría de Dios podía proteger a la nación de sus enemigos. David no se jacta de su sabiduría porque sabe que Dios se la dio a través de Sus «mandamientos» (v. 98). La Palabra de Dios estaba con David, incluso cuando no la estaba leyendo. Cuando meditamos en lo que creemos, lo recordamos y vivimos en consecuencia.

La próxima comparación de David es con sus maestros y con los que son más ancianos que él (vv. 99-100). La palabra hebrea para «entendimiento» significa tener discernimiento o comprensión. No es simplemente la capacidad de saber y repetir en forma mecánica un hecho, sino el arte de explicar y traer claridad a conceptos o verdades. Nuestra profundidad de conocimiento e intimidad con el Señor no depende de nuestra edad, y el entendimiento de la Palabra de Dios no está reservado solo para los maestros y eruditos. A veces, es fácil descansar en lo que otras personas entienden sobre Dios mediante comentarios, sermones, libros o devocionales. Son buenos siervos, pero no son nuestro Amo. El Espíritu, el cual da entendimiento a estos autores, mora en cada miembro del pueblo de Dios.

OBEDECE

A través de la memorización y la meditación, vienen la comprensión y el discernimiento. Mediante la comprensión y el discernimiento, surge la obediencia.

En la cultura de David, la sabiduría de los ancianos se tenía en alta estima. Sin embargo, la distinción entre el entendimiento de David y el de sus ancianos se ve en la obediencia del rey a los preceptos de Dios (v. 100). Hay una diferencia entre el conocimiento que produce obediencia y el conocimiento que produce tan solo más conocimiento. Muchos conocen datos sobre Dios y Su Palabra, pero no los ponen en práctica. Tuve profesores universitarios que memorizaban más pasajes bíblicos que yo, estudiaban más historia bíblica que yo y aprendían griego y hebreo; sin embargo, no se sometían a las palabras que leían. El verdadero conocimiento bíblico se manifiesta en la obediencia.

Si verdaderamente queremos entender la Palabra de Dios, no puede tan solo entrar a nuestra mente y nuestro corazón; también debemos permitir que cambie nuestra voluntad y nuestra acción. Debemos acudir a ella para que aparte nuestros pies de la mala senda (v. 101), para que nos guíe a obedecer los mandamientos que el Señor nos ha enseñado (v. 102) y nos prepare para aborrecer toda senda de mentira (v. 104).

Las sendas de mentira seguramente le habrán resultado atractivas a David; de lo contrario, no habría necesitado «[apartar sus] pies» (v. 101). En cualquier momento, David podría haber desobedecido la Palabra de Dios y seguido su propio camino, que tal vez fuera uno de comodidad, bienestar, éxito y triunfo. Pero aquí él declara su determinación de escoger la senda más difícil. Lo vemos en la vida de David: en 1 Samuel 24, por ejemplo, cuando Saúl (el rey de Israel en ese momento) buscaba de manera implacable a David porque creía que intentaba usurparle el trono. Saúl entró solo a una cueva para hacer sus necesidades… pero en la misma cueva, estaban escondidos David y sus hombres. Los hombres de David interpretaron el momento como el cumplimiento de la promesa de Dios a David de que «[pondría] a [su] enemigo en [su] poder» (1 Sam. 24:4). ¡Sin duda, este era el momento en que Dios terminaría con el reinado de Saúl e inauguraría el gobierno de David! Sin embargo, David le perdonó la vida. Decidió no levantar su mano contra el ungido de Dios (1 Sam. 24:6).

David determinó no hacer lo que seguramente deseaba en su carne. Estaba comprometido a mantener sus pies apartados del mal y no matar a Saúl. A nosotras, al igual que a David, nos hace falta empeño para mantener alejados nuestros pies del mal y no apartarnos de los mandamientos de Dios. Pero ese es el camino del amor… como dijo Jesús: «Si ustedes me aman, obedecerán mis mandamientos» (Juan 14:15). Como resistir el camino del mal es difícil e incluso nos resulta antinatural, no lo haremos si no amamos a Dios. Y no amaremos a Dios bien si no meditamos en Su Palabra y la entendemos.

MÁS DULCE QUE LA MIEL

Cuando yo era pequeña, mi madre nos obligaba a mí y a mi hermano a beber jugo de ciruelas (por razones obvias). No quería ni entrar a la cocina y ver el vaso lleno del veneno espeso y violeta que me esperaba. Me tapaba la nariz y lo bebía de mala gana porque sabía que me hacía bien, pero no me gustaba el sabor.

Tengo épocas en las que veo la Palabra de Dios como si fuera jugo de ciruelas. En esos momentos, mi alma se sienta con apatía a leer la Palabra de Dios, y mis pensamientos empiezan a divagar a mi lista de cosas por hacer poco después de empezar a leer. Abrir la Escritura me resulta más como una tarea que un deleite.

Esto no tiene nada que ver con la descripción de David. David describe las palabras de Dios como «más dulces que la miel» (v. 103). La Palabra de Dios es buena. Sabe bien a nuestra alma y es buena para nuestra alma. Cuando la Palabra de Dios es más dulce que la miel para mí, corro a ella como si fuera agua viva y pienso en sus palabras y en las repercusiones que tienen en mi vida a lo largo del día.

Pero ¿qué hacemos cuando leer la Palabra de Dios se parece más a beber jugo de ciruela y menos a la miel; en especial, en épocas amargas y ajetreadas?

1. *Dedica tiempo a la Palabra.* La meditación lleva tiempo, algo que muchas de nosotras quizás protestemos que nos falta. Sin embargo, es difícil creer que David pudiera afirmar que amaba la ley de Dios sin haberle dedicado el tiempo para profundizar en ella y memorizarla, meditarla y entenderla. Encontramos tiempo para las cosas que amamos. Dedícale el tiempo adecuado a estar en comunión con Dios a través de Su Palabra.

2. *Presta tu oído a la Palabra.* Escucha con atención lo que Dios dice. La sabiduría, el discernimiento y la comprensión de David surgían de su sumisión humilde a la Palabra de Dios... de escucharla y obedecerla. La Palabra es viva y eficaz, y a través de ella Dios nos habla en nuestras épocas, circunstancias y luchas particulares.

3. *Entrega tu corazón a la Palabra.* Combate la tentación de memorizar la Palabra de Dios, meditar en ella y entenderla solo para obtener conocimiento. La Palabra es la manera de conocer a Dios, no solo de saber qué dice. Permite que Dios te hable al corazón a través de Su Palabra.

Entrega tu tiempo, tu oído y tu corazón a la Palabra de Dios, y su dulzura irá creciendo, así como tu amor por su Autor. Mi oración es que puedas experimentar una sensación renovada de la presencia de Dios en ti, hoy y en los días que vendrán.

19. APRENDER EN EL VALLE

JASMINE HOLMES

Son las diez de la mañana del lunes.

Estoy sentada en el sofá con la pijama puesta, los platos sucios del desayuno remojándose en el lavabo, el pequeñín activo contenido en su corralito unos minutos, la computadora portátil abierta sobre mis rodillas. El sonido de las teclas se ve interrumpido por momentos de quietud absoluta; mis manos suspendidas sobre el teclado, mi respiración lenta y pareja, mi cuerpo rígido... a la espera.

Se podría pensar que estoy esperando la guía del Espíritu Santo mientras profundizo en la Palabra, pero no es así. Al menos, no en este momento. En este momento, me estoy esforzando en medio de esos segundos tranquilos para examinarme en busca de náuseas matutinas.

Con cuatro semanas de embarazo, las náuseas empezaron bastante temprano; pero algunos días las siento con fuerza, y el estómago se me revuelve como si estuviera arriba de una montaña rusa. En los días en que me siento así, cobro ánimo...

me siento tranquila. Las náuseas matutinas significan hormonas activas, y las hormonas activas podrían implicar que este, mi cuarto embarazo, no terminará en mi tercer aborto espontáneo. Sin embargo, en días como este, cuando las náuseas son más suaves, entro en pánico y me hago otra prueba de embarazo, aguzando la vista para ver si la línea es un poquito más oscura que la de la prueba que me realicé hace dos días, aferrándome a cada hilito de esperanza que me dio el resultado del análisis de sangre, que declaraba que todo estaba bien... por ahora.

EL SIERVO QUE HA SUFRIDO MUCHO

He sido cristiana la mayor parte de mi vida. Crecí en un hogar cristiano, me bauticé a los seis años de edad y nunca más volví a pasar al frente por aquel pasillo. Al igual que el salmista, «hice un juramento, y lo he confirmado: que acataré [los] rectos juicios [de Dios]» (119:106). Desde mi infancia, he aprendido la Palabra de Dios una y otra vez; he meditado en Su ley por más de 20 años y espero seguir haciéndolo muchos años más.

Pero también, al igual que el salmista, «es mucho lo que he sufrido» (v. 107). No sé qué habrá zarandeado al salmista cuando escribió estas palabras. No sé qué te estará zarandeando mientras lees las mías. Tal vez te encuentres en un lugar de perfecta paz; estás en la cima de la montaña. Pero algo es seguro: no permanecemos en la cima de la montaña demasiado tiempo. O acabamos de salir de un valle o nos estamos dirigiendo a uno. Y si te encuentras en uno hoy mismo, no estás sola; estas palabras fueron escritas por alguien que conocía bien el valle.

Hay salmos que se concentran más en la desesperación que esta sección. Hay salmos que se elevan al cielo cargados de desesperación. Hay salmos que hacen preguntas difíciles: «¿Por qué me has abandonado?» (Sal. 22:1). «¿Por qué, SEÑOR, te mantienes distante?» (Sal. 10:1). «¿Hasta cuándo, oh Dios, se burlará el adversario?» (Sal. 74:10).

Hay salmos que declaran la fidelidad del que sufre:

> *Con manos limpias e inocentes*
> *camino, SEÑOR, en torno a tu altar,*
> *proclamando en voz alta tu alabanza*
> *y contando todas tus maravillas.*
> *SEÑOR, yo amo la casa donde vives,*
> *el lugar donde reside tu gloria.*
> *En la muerte, no me incluyas*
> *entre pecadores y asesinos,*
> *entre gente que tiene las manos*
> *llenas de artimañas y sobornos.*
> *Yo, en cambio, llevo una vida intachable;*
> *líbrame y compadécete de mí.*
> *Tengo los pies en terreno firme,*
> *y en la gran asamblea bendeciré al Señor* (Sal. 26:6-12).

He guardado tu ley. He caminado en justicia. Si alguien se ha «ganado» tu favor, Señor, esa soy yo.

Pero este no es uno de esos salmos.

EL SIERVO OBEDIENTE

No me malinterpretes. El escritor aquí está afligido y ha obedecido la ley de Dios («no me aparto de tus preceptos» [Sal. 119:110]). Sin embargo, este salmo no se concentra en su aflicción. En los versículos 107-108, el salmista declara:

> *SEÑOR, es mucho lo que he sufrido;*
> *dame vida conforme a tu palabra.*
> *SEÑOR, acepta la ofrenda que brota de mis labios;*
> *enséñame tus juicios.*

En otras palabras, aunque el salmista está sumamente afligido, se concentra en aprender la ley de Dios, en meditar en Su voluntad y ofrecer alabanza. Aunque es mucho lo que ha sufrido, su corazón anhela que los juicios de Dios lo instruyan, y tiene la mente puesta en la ley del Señor.

> *Mi vida pende de un hilo,*
> *pero no me olvido de tu ley.*
> *Los impíos me han tendido una trampa,*
> *pero no me aparto de tus preceptos* (vv. 109-110).

EL SIERVO VACILANTE

Sin embargo, estos versículos no cuentan mi historia.

Cuando mi vida «pende de un hilo» (o estoy en peligro), sí me olvido de la ley de Dios. Cuando me siento estresada, deprimida o angustiada, mi tendencia es a huir de la ley de Dios, en lugar de correr a ella. Cuando los impíos me tienden una trampa, los preceptos de Dios no son lo primero que se me viene a la mente; lo que viene es mi pretensión de superioridad moral, mi temor, mis dudas o mi deseo de reivindicación. En medio de mi propia aflicción, me vuelvo para mis adentros; empiezo a descender por una espiral hasta llegar a las profundidades de la desesperación y lloro por las injusticias que enumero en mi corazón.

Nunca te darías cuenta con tan solo mirarme. En la historia del hijo pródigo, soy el hijo mayor... el que hace «todo bien» por fuera, que camina en obediencia ejemplar con una fe inquebrantable. Soy la hija en la cual su padre se deleita; la candidata maravillosa con la cual se casó mi esposo; iba a ser la madre perfecta en una casa llena de niños porque fui la mayor experta entre ocho hermanos.

Y después, perdí mi primer embarazo.

Entonces, me di cuenta de que mi devoción al Señor no había sido probada realmente. Podía declarar que la Palabra de Dios era «una lámpara a mis pies; [...] una luz en mi sendero» (v. 105) porque mi sendero ya era idílico y estaba bien iluminado; es más, consideraba esa lámpara más bien como un lindo accesorio. Pero cuando la lámpara se transformó en mi única fuente de luz en un camino oscuro y peligroso... vacilé.

El sol desapareció, el camino se volvió borroso y dejé la lámpara en el suelo, me acurruqué en posición fetal y lloré pidiendo que volvieran a encenderse las otras luces que me resultaban más conocidas.

LA HERENCIA DEL SIERVO

Sin embargo, a diferencia de mí, el salmista no vacila. Su resolución es inamovible:

> *Tus estatutos son mi herencia permanente;*
> *son el regocijo de mi corazón.*
> *Inclino mi corazón a cumplir tus decretos*
> *para siempre y hasta el fin* (vv. 111-112).

Me encanta la frase: «tus estatutos son mi herencia permanente». Podemos referirnos a varias cosas con la palabra «herencia». Por ejemplo, soy una mujer afroamericana. Mi herencia es un legado riquísimo de sufrimiento doloroso y superación gloriosa. Es una historia que empezó con las cadenas del primer ancestro que fue vendido como esclavo… una historia que se desarrolla en la batalla por la libertad y llega a la cima de la colina de la resistencia pacífica. Mi historia incluye padres que crecieron en medio de la pobreza, ciclos de carencia de padre y la amenaza constante de violencia. Incluye su unión piadosa, la cual es otra historia de superación gloriosa, y los nueve hijos que criaron y están criando para la gloria de Dios.

Pero la herencia a la que se refiere el salmista no es tan solo un legado étnico (aunque a través de los milenios, toda clase de personas que pertenecen al pueblo de Dios no han tenido vergüenza de apropiarse de esto), sino uno espiritual.

Mi herencia incluye la historia de un hombre que, por fe, dejó su país de origen para encontrar una nueva tierra y ser padre de una nación; y de una mujer que, por fe, se sometió a su esposo y confió en que, cerca de cumplir los 100 años de edad, se transformaría en la madre de una nación. Incluye la historia de una mujer no judía que actuó en obediencia incluso después de que su esposo hubiera muerto, que dejó su hogar para caminar hasta una tierra mejor —la tierra de Dios— y se acostó a los pies de su pariente redentor con fe. Incluye la historia de tres jóvenes judíos bajo el gobierno de Babilonia, que fueron tan fieles al Dios al cual servían que estuvieron dispuestos a ser arrojados a un horno ardiente antes que deshonrarlo; incluye a un cuarto hombre dentro del horno, el cual les permitió salir vivos e ilesos.

Mi herencia incluye a mi pariente redentor, Jesús, y Su acto de caminar a la cruz y beber la copa amarga en mi lugar. Incluye al Dios del universo, que conoce bien lo que es perder a un hijo; es más, sacrificó a Su propio Hijo para que yo pudiera conocerlo… para que pudiera tener la confianza de que los cuatro bebés con los que me bendijo están en Sus manos, ya sea que los conozca aquí en la tierra o allí en el cielo.

Estos testimonios son posibles gracias a la obediencia de mis antepasados a los testimonios del Señor. Estos testimonios son posibles porque, para ellos, el testimonio de Dios era el gozo de su corazón.

LA DECISIÓN DEL SIERVO

Y cuando pienso en todo esto, entonces, al igual que el salmista, estoy lista (y lo anhelo) para «[inclinar] mi corazón a cumplir tus decretos para siempre y hasta el fin» (v. 112).

Los impíos pueden tender sus trampas, pero el salmista está decidido a cumplir la ley del Señor, sin importar cuál sea el resultado (v. 110). Está decidido a obedecer, no debido a algún evangelio de la prosperidad que prometa el fin del sufrimiento antes de cruzar las puertas celestiales (eso no puede ser porque ya está sufriendo), sino sencillamente porque entiende que la única luz aceptable para el camino oscuro que tiene por delante es la lámpara de la Palabra.

Una hora después de examinarme en busca de señales de náuseas, se me empezó a revolver el estómago y a hacer ruidos como un panqueque sobre la plancha. La idea de un panqueque me resulta espantosa en este momento, y la imagen del jarabe goteando por los costados de una pila de tortitas me descompone de tal manera que sé que estas hormonas están funcionando a la perfección.

Esto no garantiza que vaya a tener en brazos a mi segundo bebé en menos de nueve meses. Tal vez todavía me encuentre llorando por la pérdida prematura de mi tercer hijo. Y aun si esta no es la aflicción severa que me espera, te garantizo que no pasará demasiado tiempo antes de que otra aflicción severa se levante en su lugar.

No importa dónde estés en este momento, ya sea en medio de una aflicción o en la felicidad antes de que llegue la aflicción… ya sea que tu aflicción se trate de un aborto espontáneo, un divorcio, aislamiento, dolor, sufrimiento físico o mental, o guerra espiritual… la Palabra del Señor es la única lámpara para iluminar tu camino.

Decide conmigo —decide con el salmista— aferrarte a la Palabra que es verdad, ya sea que bailemos en la cima de las montañas como Misty Copeland o que caminemos por el valle como el salmista. Decide conmigo —y con el salmista— atesorar la ley del Señor por encima de todo lo demás, aun cuando estos juicios sean una providencia difícil para los hijos de Dios.

LA ETERNIDAD DEL SIERVO

El apóstol Pablo parece tomar nota de la comprensión del salmista de la «aflicción», cuando le recuerda a la iglesia de Corinto que mantenga sus aflicciones en la perspectiva correcta:

> *Por tanto, no nos desanimamos. Al contrario, aunque por fuera nos vamos desgastando, por dentro nos vamos renovando día tras día. Pues los sufrimientos ligeros y efímeros que ahora padecemos producen una gloria eterna que vale muchísimo más que todo sufrimiento. Así que no nos fijamos en lo visible, sino en lo invisible, ya que lo que se ve es pasajero, mientras que lo que no se ve es eterno* (2 Cor. 4:16-18).

Y, en caso de que tú o yo pensemos que nuestras aflicciones pueden ser peores que las de Pablo en su época, recuerda el final horrendo que tuvieron los apóstoles, desde el exilio de Juan hasta la crucifixión de Pedro boca abajo y la decapitación del mismo Pablo. La iglesia del primer siglo (parte de nuestra herencia piadosa, por cierto) conocía el sufrimiento.

El llamado no es a guiñar con desenfado a nuestro sufrimiento y hacer como si no doliera. No es lo que hace el salmista. Pablo no lo hizo. Jesús tampoco. Jesús lloró y se lamentó cuando Lázaro murió, aun cuando sabía que lo resucitaría tanto en la tierra como en la eternidad. Jesús mismo sudó gotas como de sangre al pedirle a Dios que hiciera pasar de Sus labios la «copa amarga», aunque sabía que era la única manera de que pudiéramos reconciliarnos con Él.

La aflicción duele. Sin embargo… No importa cómo sea sacudido nuestro cuerpo, estamos siendo preparadas para un peso eterno de gloria que no tiene comparación; estamos siendo preparadas para lo eterno. La mejor preparación para la vida eterna es el estudio fiel de los preceptos de Dios y la mejor escuela para aprenderlos suele ser en medio del valle.

Nuestra herencia nos muestra que el Señor es fiel a Sus hijos, no importa qué dolor pueda pedirnos que soportemos. Será fiel a nosotros hasta el final y eso nos libera para obedecer Sus estatutos hasta ese mismo momento.

20. CUANDO ESTE MUNDO ESTÁ MAL

PORTIA COLLINS

Vivo en el delta del río Misisipi. El lugar donde todos conocen a todos. La tierra de los estanques de bagres y los campos de algodón, de cielos azules y viento en popa. En un típico día en el delta, lo más probable es que todos te saluden con amabilidad, que pruebes la deliciosa cocina sureña y veas kilómetros interminables de llanura que enmarcan el cielo a la perfección en una tarde calurosa de verano. Es un lugar que me enorgullece llamar mi hogar, y me gustaría pensar que es el lugar perfecto. Por desgracia, el lugar perfecto no puede existir en un mundo imperfecto...

ASOLADO POR EL PECADO

Hace unos días, en una ciudad cercana, un hombre raptó a su hija de un año. El secuestro llevó a una persecución a toda velocidad por la zona y terminó cuando el hombre mató a su hija de un balazo y luego se suicidó. Me devastó escuchar que esto había sucedido cerca del lugar que considero mi hogar.

Me encanta el delta, pero esta tragedia fue un recordatorio excepcionalmente duro de que este lugar no está exento de la iniquidad que asola este mundo. Se me caen las lágrimas aun mientras escribo hoy. Detesto el mal que hay en este mundo. Aborrezco el pecado que ha arruinado tanto y a tantos. O, al menos, así debería ser.

Esta tragedia salpicada de maldad me llevó a examinar mi respuesta al pecado y el mal. Siento convicción de mi pasividad a la hora de abordar ambas cosas. He notado una tendencia cada vez mayor: disimular la maldad como si no existiera. Hay formas sutiles de pecado que se encuentran con un silencio en lugar de confrontación. A menudo, el pasado o las circunstancias actuales turbulentas de una persona se nombran como la fuente de su conducta malvada. O tal vez nos sentamos cómodamente al margen y observamos cómo se desarrollan los sucesos pecaminosos sin siquiera movernos para cambiar la trayectoria, o nos paramos en medio del pecado y no nos separamos de la práctica del mal. La Palabra de Dios es clara. El mal existe, y tenemos una batalla contra potestades de las tinieblas y fuerzas espirituales del mal (Ef. 6:12). Por lo tanto, la pregunta no es si existe el mal, sino más bien cómo reaccionar ante el pecado y todas las cosas malvadas. ¿Cómo respondemos a la realidad del mal y a los hacedores de mal?

En esta sección del Salmo 119, el salmista habla vívidamente de su respuesta ante el mal y diferencia con claridad a los verdaderos creyentes en Dios y a aquellos que no lo son (los que llama sin rodeos «malhechores»).

LOS QUE AMAN LA LEY DE DIOS

En el Salmo 119:113, el salmista presenta un contraste entre aquellos que aman la ley de Dios y los que no: los «hipócritas». Este contraste ilustra una indignación justa contra el pecado y toda clase de mal. El salmista ama la ley, pero los hipócritas no. Lo que quiere comunicar es la idea de que aquellos «que tienen divididas sus lealtades» (NTV) están separados o divididos de la ley de Dios.

Para entender mejor la manera de pensar del salmista, miremos 1 Reyes. El libro en sí se centra en la premisa de que hay un único Dios vivo y verdadero. En el capítulo 18, Elías confronta valientemente al rey Acab y a todo el pueblo de Israel respecto a su lealtad dividida al único Dios verdadero:

«¿Hasta cuándo van a seguir indecisos? Si el Dios verdadero es el Señor, deben seguirlo; pero, si es Baal, síganlo a él» (1 Rey. 18:21). El rey Acab y los israelitas habían flaqueado a la hora de seguir el mandamiento de Dios y habían sucumbido a la idolatría a Baal. No estar completamente comprometido con Yahvéh como Rey, y con Su Palabra como la ley, equivale a rechazarlo. La lealtad dividida no es mejor que el rechazo directo.

Los que aman la ley de Dios están anclados en la verdad y no se apoyan en su propio entendimiento. La ley de Dios es santa, justa y buena (Rom. 7:12); por lo tanto, amar la ley de Dios con nuestro corazón y nuestra mente es bueno. De más está decir que deberíamos tener la misma mentalidad y corazón que el salmista. No podemos mostrarnos indecisas a la hora de ser verdaderas seguidoras de Dios. No podemos amarlo y a la vez coquetear con el pecado. No podemos seguirlo y elegir también nuestro propio camino. Como afirma el comentarista del siglo XVII, Matthew Henry:

> *Cuanto más amemos la ley de Dios, más podremos*
> *dominar nuestros pensamientos vanos, más detestables*
> *nos resultarán, como contrarios a toda la ley; y cuanto*
> *más vigilantes seamos respecto a ellos, menos*
> *nos alejarán de aquello que amamos.*[1]

ESCONDIDA EN DIOS, ESPERANDO EN SU PALABRA

Además de amar la ley de Dios, el salmista encuentra refugio en el Señor y esperanza en Su Palabra (Sal. 119:114). A lo largo de toda la Biblia, encontramos ejemplos de la bondad y la misericordia de Dios al proteger a Su pueblo del mal. Antes de que David se transformara en rey, pasó años huyendo de Saúl, el primer rey de Israel. Saúl estaba celoso de David porque había hallado favor delante de Dios y del pueblo. En un momento, David se encuentra escondido de Saúl en una cueva. Parece un poco deprimente, ¿no? ¿Te imaginas estar escondida en una cueva, mientras sabes que algún día reinarás sobre el pueblo? Pero David no está malhumorado, gimiendo y quejándose. ¡Está cantando! El Salmo 57 relata las alabanzas gloriosas de David a Dios desde lo profundo de la cueva:

---

1. ccel.org/ccel/henry/mhc3.Ps.cxx.html

Pero tú, oh Dios, estás sobre los cielos, ¡tu gloria cubre toda la tierra! (Sal. 57:5,11).

La alabanza de David no dependía de sus circunstancias presentes. Podía regocijarse y alabar a Dios en medio de su sufrimiento y persecución porque su esperanza estaba en el Señor. Esto mismo que expresó David en el Salmo 57 se refleja en el Salmo 119:114. El salmista encuentra protección de los males de este mundo al acudir a Dios. Su esperanza no está apoyada en sus propias capacidades o conocimiento, sino en la Palabra de Dios. Además, podemos estar seguras de que Dios es nuestro escondedero y nuestro escudo. No podemos protegernos del mal, tanto interno como externo, por nuestra cuenta... así que ¡cuán hermoso y reconfortante es saber que estamos cubiertas y escondidas en el Señor! ¡Qué maravilloso es saber que podemos poner nuestra esperanza en la Palabra de Dios y que Él nunca nos fallará!

SOSTENIDA POR LA PALABRA DE DIOS, GUARDADA POR SUS MANDAMIENTOS

Todo creyente que ama la ley de Dios (v. 113) y acude a Él como su escudo y esperanza (v. 114) decide separarse de toda clase de mal (v. 115). ¿Podrías hacer la misma declaración valiente? ¿Alguna vez retrocediste atemorizada cuando sabías que debías hablar en contra de algo malo o alejarte de ello? Siempre es más fácil vivir atemorizada de las percepciones o la persecución que vivir con amor por la ley de Dios. Podemos aprender de la postura del salmista aquí. Lo que más le importa es separarse de los malhechores para estar en una mejor posición para cumplir los mandamientos de Dios. Dicho de manera sencilla, un pequeño pecado puede esparcirse por todo el cuerpo, así que debemos tener cuidado con quién nos asociamos.

No podemos afirmar verbalmente la existencia del mal sin examinar cómo respondemos en la práctica a las realidades que implica. No hay lugar para la timidez ni la apatía en medio de la guerra contra la iniquidad y la maldad. Queridas hermanas, «aborrezcamos lo malo y sigamos lo bueno» (Rom. 12:9, RVC). No demos lugar al pecado y al mal en nuestras vidas, y estemos siempre alerta de aquellas cosas y personas que pueden estorbar nuestra comunión con Dios. No hemos sido llamadas a la cobardía, sino a la confianza en la capacidad de Dios, algo que el salmista sabía bien:

> *Sostenme conforme a tu promesa, y viviré; no defraudes mis esperanzas* (Sal. 119:116).

David ora con fervor a Dios y le pide la gracia sustentadora que le prometió, para poder vivir con una expectativa esperanzada y obediente del futuro. El salmista entiende que no puede vivir a menos que el Todopoderoso lo sostenga. Nosotras también debemos ser plenamente conscientes de nuestra necesidad del sustento de la gracia divina. Nuestra dependencia de Dios es crucial, a medida que transitamos cada día. Si confiamos en nosotras mismas y en nuestras habilidades, seremos avergonzadas, pero si confiamos en Dios, nuestra esperanza se mostrará inalterable, y el objeto de nuestra esperanza revelará su fidelidad.

Por más que me gustaría pensar que decidiría respetar los mandamientos de Dios si quedara librada a mis propios recursos, no sería así. A menudo, reflexiono en mi conversión y mi vida como cristiana. Durante muchos años, quise creer que había algo dentro de mí capaz de escoger honrar verdaderamente a Dios. Al igual que con muchas otras cosas en mi vida, quería atribuirme el mérito de mi relación restaurada con Dios. Quería creer que, por mi cuenta, era lo suficientemente buena como para obedecer a Dios, y lo único que necesitaba era un poco de ayuda. Pero la verdad es que necesitaba (y necesito) desesperadamente la intervención divina. Nosotras, al igual que el salmista, tenemos que orar continuamente para que Él nos sostenga, para que podamos vivir para Él, seguras en Sus manos. Y sabemos que, si dependemos de Él, Dios será fiel en hacerlo. En Juan 10:28-30, el Señor Jesús afirma:

> *Yo les doy vida eterna, y nunca perecerán, ni nadie podrá arrebatármelas de la mano. Mi Padre, que me las ha dado, es más grande que todos; y de la mano del Padre nadie las puede arrebatar. El Padre y yo somos uno.*

Una vez que estamos en la mano de Dios, Él nos mantiene a salvo. A través de la persecución, las pruebas e incluso nuestros propios fracasos, Dios nos sostiene.

PROTEGIDAS DEL MAL

Quebrantar la ley de Dios no solo está mal, sino que lleva a la ruina. Este camino de maldad conduce a la muerte, y es insensato pensar lo contrario. En el Salmo 119:119, el salmista compara a los malvados con la escoria. La escoria es un residuo químico que se forma en la superficie del metal fundido. Este residuo es un desperdicio, así que se separa del valioso metal y se descarta. Es una imagen apropiada para representar la separación entre los malvados y los justos. Y aquí es donde el salmista encuentra motivación para amar la ley de Dios aún más. Da gracias por estar separado y protegido de los malvados. Da gracias por la justicia que Dios le ha concedido. ¡Y nosotras también deberíamos manifestar esa gratitud y amor por la ley de Dios!

DESLUMBRADA POR LA SANTIDAD DE DIOS

El versículo 120 me produce una gran convicción. Oro fervientemente para que Dios moldee mi corazón de manera que siempre crezca en reverencia y asombro ante Él. El último versículo de esta sección nos muestra la respuesta adecuada al juicio de Dios. El salmista no responde a la justicia de Dios ejecutada contra los malhechores con liviandad, indiferencia o pretensiones de superioridad. En cambio, expresa un temor reverencial a Dios: una reverencia tan intensa que habla de que su cuerpo se estremece. La palabra hebrea aquí implica tener piel de gallina. ¿Te imaginas una respuesta tan intensa a Dios que te dé piel de gallina? La postura de Dios frente a los malvados lleva al salmista a tener tanto más cuidado en su manera de abordar al Señor. Considera el juicio de Dios contra los malvados y serás llevada a un arrepentimiento que resultará en una vida de obediencia.

PREGUNTAS INCÓMODAS

Esta estrofa es intransigente, y nos obliga a hacernos algunas preguntas incómodas. Nos lleva a considerar las cosas en las que participamos generalmente, aquello que nos entretiene, las conversaciones que nos atrapan y los lugares que frecuentamos. Hermanas, ¿cómo nos estamos separando de los impíos? ¿Compartimos verdaderamente el mismo deseo del salmista de evitar la tentación del mal y de amar y cumplir la Palabra de Dios? Beneficiarnos de la gracia de Dios no debería llevarnos a tomar a la ligera el pecado y el mal. Mi oración es que el Espíritu Santo nos guíe a ir en pos de todo lo que honra a Dios e ilumine nuestra mente para reconocer claramente todo lo que Él detesta… y a aborrecerlo nosotras también. Mi oración es que tengamos el mismo corazón que el salmista. Y lo más importante, oro para que Dios nos sostenga, de manera que no cedamos ante la presión de parecernos al mundo y vivir como el mundo, y que seamos intransigentes en nuestro compromiso de cumplir Sus mandamientos.

21. UN LUGAR AMPLIO: LA PALABRA DE DIOS COMO REFUGIO

ELISSA WEICHBRODT

El Museo Metropolitano de Arte en Nueva York contiene muchas maravillas que inspiran asombro, pero hay un tesoro que es fácil de pasar por alto: un dije oval, de unos cinco centímetros de alto (dos pulgadas), hecho de una piedra roja oscura. Originario de Egipto, del siglo VI o VII, tiene un grabado sencillo pero significativo. En la parte de atrás, vemos a una mujer vestida con una túnica, con los brazos extendidos en pose de súplica. En el frente, vemos dos figuras grabadas. Un hombre con barba, con un halo en forma de cruz, está parado en el borde derecho de la piedra. Tiene el brazo derecho extendido sobre una segunda figura —una mujer—, agachada en el suelo a sus pies, con las manos tocando el borde de su manto. A ambos lados del amuleto, hay un texto que ofrece una versión abreviada de la historia de Marcos 5, cuando Cristo sanó a una mujer que había sangrado durante doce años y había quedado marginada de la sociedad.

Engarzado en plata, el dije parece haber sido hecho para usar, probablemente por alguna egipcia cristiana.

La imagen, el material y el texto se unen en un objeto profundamente personal. Se creía que la hematita fomentaba la fertilidad y ayudaba con los problemas menstruales. Pero el texto es lo más importante. Me imagino a esta hermana africana con este pendiente alrededor del cuello, con la Palabra de Dios cerca de su corazón. Imagino las marcas de las palabras del Evangelio de Marcos presionadas en sus dedos mientras ora pidiendo que Dios sane su cuerpo como sanó a esta mujer del antiguo Israel. Se adorna con una pequeña joya que refleja tanto su propio anhelo como su creencia en el Dios que puede restaurarla.

Me fascina este dije, y me conmueve la fe que simboliza en la Palabra de Dios. Al igual que el autor del Salmo 119, esta mujer egipcia parece haber encontrado refugio y esperanza en la Palabra de Dios. Parece haber hallado en ella su consuelo pero también haberla considerado con un poder para cambiar su experiencia de vida.

El Salmo 119 me desafía a un entendimiento más cabal de la manera en que la Palabra de Dios funciona como refugio. Es un salmo que anima a deleitarse en todas las partes de la Palabra de Dios, no tan solo en Sus promesas de liberación del sufrimiento. Es un salmo repleto de un lenguaje físico, que insiste en su materialización, y es un salmo que nos prepara para enfrentarnos a los desafíos más rigurosos al someternos a esa Palabra.

REFUGIO EN LA GUÍA

Los comentaristas observan que el salmista emplea diversos términos para referirse a la Palabra de Dios. Por supuesto, está la Torá, la ley de Dios. Pero el salmista también habla de los caminos de Dios, de Sus testimonios, Sus mandamientos, Sus preceptos, Su Palabra, Sus juicios, Su justicia y Sus estatutos. Los lugares en el salmo donde se invoca más a menudo un refugio o la seguridad usan la Torá (la ley, v. 92); *mishpát* (juicios, v. 52); *kjoc* (decretos, v. 71); y *piccúd* (preceptos, v. 87). Para muchos lectores modernos, el evidente placer del salmista y el objeto de ese disfrute parecen no corresponder. «En tus decretos hallo mi deleite» (v. 16); «… amo tus mandamientos, y en ellos me regocijo» (v. 47); y «… yo me regocijo en tu ley» (v. 70). Una y otra vez, el salmista profesa felicidad y satisfacción en los decretos morales de Dios. No se trata de una especie de gratificación masoquista. «Si tu ley no fuera mi regocijo, la aflicción habría acabado conmigo» (v. 92). El salmista vincula explícitamente la ley de Dios (Sus instrucciones para la vida) con Su salvación. En el versículo 174, declara: «Yo, SEÑOR, ansío tu salvación. Tu ley es mi regocijo».

Por supuesto, sabemos que somos incapaces de cumplir la ley de Dios. Es más, la ley nos muestra cuán lejos estamos de la santidad de Dios y cuán desesperadamente necesitamos que Cristo la cumpla a nuestro favor. Entonces, ¿cómo puede la ley ser reconfortante? Charles Spurgeon compara nuestro encuentro con la ley con un miembro entumecido que revive. Cuando se me duerme un pie, lo siento como un extraño peso muerto. Después de pisar fuerte, moverlo y sacudirlo, empiezo a sentir un dolor agudo y punzante. El ardor surge como un alivio. ¡Es una confirmación de que mi pie sigue vivo! La ley arde, pero el dolor refleja la obra vivificante del Espíritu Santo en un corazón que antes estaba muerto.

De manera similar, el salmista encuentra seguridad en los juicios o reglas de Dios: Su *mishpát*. En el versículo 52, declara: «Me acuerdo, SEÑOR, de tus juicios de antaño, y encuentro consuelo en ellos». Tal vez nos cuesta imaginar a un juez tan bueno, tan comprometido con la verdadera justicia, que nos aliviaría leer su registro de decisiones. Al pensar en cuán a menudo me han frustrado los veredictos recientes de jueces humanos, en general en detrimento de mis hermanos y hermanas de color, me maravillo al ver que alguien pueda encontrar seguridad en tales resoluciones. Pero tenemos un Dios que promete justicia, y cuya integridad y amor en realidad aseguran una justicia perfecta; de manera que podemos decir con el salmista: «SEÑOR, yo sé que tus juicios son justos, y que con justa razón me afliges. Que sea tu gran amor mi consuelo, conforme a la promesa que hiciste a tu siervo» (vv. 75-76). Por cierto, más que ponerle fin a una vida, los juicios de Dios son vivificantes: «Grande es, SEÑOR, tu compasión; dame vida conforme a tus juicios» (v. 156). Como personas compradas por la sangre de Cristo y que están cubiertas por Él, aceptamos con gusto los decretos justos de Dios.

Es más, Sus mandatos inspiran deseo. «¡Enséñame tus decretos!», ruega el salmista en el versículo 12, y una vez más en los versículos 26, 64, 68, 124, 135 y 171. Recibir las bendiciones de Dios y la enseñanza de Sus estatutos son cosas que van de la mano. Así que en el versículo 135, el salmista escribe: «Haz brillar tu rostro sobre tu siervo; enséñame tus decretos», y en el versículo 54, incluso son la causa para componer canciones: «Tus decretos han sido mis cánticos».

Vivimos en una cultura que celebra la individualidad radical y la libertad personal. Se nos dice que la verdadera individualidad depende de un rechazo de las limitaciones externas. Sin embargo, el salmista nos dice una y otra vez que una vida liberada y próspera se halla al amar y adherirnos al orden de Dios para nuestro camino. Somos libres para obedecer: «Líbrame de la opresión humana, pues quiero obedecer tus preceptos» (v. 134). A su vez, esta obediencia es una consecuencia del amor de Dios en nosotras, como escribe el apóstol Juan: «En esto consiste el amor a Dios: en que obedezcamos sus mandamientos. Y estos no son difíciles de cumplir» (1 Jn. 5:3).

El salmista describe que halla refugio en las mismas partes de la Palabra de Dios que el mundo considera opresivas. Con los ojos de la fe, vemos esas partes como expresiones del amor de Dios, no de Su ira. Cuando nos deleitamos en Sus mandamientos y nos sometemos con alegría a Su guía, hallamos protección de la tiranía del egoísmo.

REFUGIO PARA TODO NUESTRO SER

El refugio que encuentra el salmista en la Palabra de Dios no es tan solo una realidad espiritual. La mujer egipcia tal vez usaba el pendiente de hematita creyendo que Dios, que se revela a lo largo de Su Palabra, podía sanarla físicamente. Y el salmista describe el impacto de la Palabra en términos corporales. Primero, usa un lenguaje físico para comunicar su necesidad de la intervención divina. Su alma está «abatida hasta el polvo» (v. 25, RVR1960), y «se [le] derrite» (v. 28). Sus ojos, enrojecidos y secos de tanto llorar, anhelan la promesa de Dios (v. 82). La elección de palabras anima y valida una experiencia encarnada de anhelo. Leemos: «insignificante y menospreciable [...] soy» (v. 141). El salmista está cansado.

Los científicos recién han empezado a considerar los efectos físicos del trauma psicológico. Un roce con la muerte, una pérdida repentina, la violencia y cosas similares alteran la química del cerebro. Nuevas investigaciones aleccionadoras sugieren que incluso las experiencias cotidianas de racismo implícito se manifiestan en el cuerpo, resultando en un envejecimiento acelerado. Como mujer de ascendencia asiática y blanca, tan solo he experimentado una fracción mínima del trauma diario que experimentan mis hermanos y hermanas negros. Y si bien el salmista utiliza una hipérbole poética, sus palabras resuenan a través de los milenios con esta realidad. La humillación repetida tiene ramificaciones físicas, así que, por supuesto, nuestro anhelo de restauración también se siente en el cuerpo. ¿Acaso no sientes un nudo en el estómago, un dolor en los huesos o un retorcijón en el pecho? El salmista sí. Y en medio de su cansancio, acude a la Palabra de Dios.

De manera similar, el salmista describe nuestro rescate con términos encarnados. Clama a Dios y pide un apoyo literal:

> *Sustámtame conforme a tu palabra, y viviré [...].*
> *Sosténme, y seré salvo* (vv. 116-117, RVR1960).

En el contexto del salmo, podemos imaginar esta gracia sustentadora en acción en un camino. Tal como han observado muchos comentaristas, la metáfora de un camino permea todo el poema. Transitamos un camino marcado por las coordenadas de Dios, Sus directivas para nuestra vida: «Dirígeme por la senda de tus mandamientos» (v. 35). El salmista se identifica como un viajero o un peregrino (vv. 19,54), alguien que está perpetuamente en movimiento. Por lo tanto, en lugar de buscar alguna fortaleza o cueva metafórica en la cual esconderse, el salmista halla deleite en esta «anchura» (v. 45, RVA) de los mandamientos de Dios. El camino en sí es un refugio. Como creyentes que vamos camino a la gloria, hallamos refugio en el sendero, no tan solo en el destino.

Es más, en este camino, la seguridad se expresa en la acción. «Me he puesto a pensar en mis caminos, y he orientado mis pasos hacia tus estatutos. Me doy prisa, no tardo nada para cumplir tus mandamientos» (vv. 59-60). La fatiga y el llanto del versículo 28 se transforman en las acciones firmes de los versículos 31 y 32:

> *Yo, Señor, me apego a tus estatutos; no me hagas pasar vergüenza. Corro por el camino de tus mandamientos, porque has ampliado mi modo de pensar.*

A menudo, nos contentamos con considerar nuestra santificación tan solo una cuestión espiritual. Sin embargo, aquí vemos una imagen de acción y de cambio visible. No se trata de un desempeño de justicia apuntado a asegurar la admiración de los demás. No, es una consecuencia esperable de deleitarse en los mandamientos de Dios y amarlos profundamente. El versículo 48 refleja esta obediencia integrada: «Yo amo tus mandamientos, y hacia ellos elevo mis manos; ¡quiero meditar en tus decretos!». En un solo versículo, el salmista se refiere al cuerpo, a los afectos y al intelecto. Su vínculo emocional con la Palabra de Dios y su estudio de esa Palabra están entrelazados con su alabanza personificada.

En una cultura donde tan a menudo el cuerpo de la mujer de color se denigra, se abusa y se explota, encontramos un modelo alternativo y vivificante en el Salmo 119. No somos llamadas a una vida incorpórea de espiritualidad. La Palabra de Dios es un bálsamo para las experiencias físicas de cansancio y marginalización. Establece un lugar de libertad, donde ejercemos obediencia con todo nuestro ser. Y, por último, la Palabra de Dios garantiza nuestra vida eterna.

REFUGIO EN MEDIO DE LOS RIESGOS

¿Cómo sabemos que podemos depender de Dios para que provea este refugio? El salmista invoca a Dios con expectativa y sabe que es imposible que Él rompa Sus promesas. Una y otra vez, cita la Palabra de Dios como su propia garantía: «Susténtame conforme a tu palabra» (v. 28); «compadécete de mí conforme a tu promesa» (v. 58); «Que sea tu gran amor mi consuelo, conforme a la promesa que hiciste a tu siervo» (v. 76). Así, el salmista no solo demuestra su fe en el carácter de Dios, sino también su conocimiento de Su Palabra.

Cientos de años más tarde, una joven soltera que vivía en el pueblito alejado de Nazaret se hizo eco de estas palabras. Un ángel se le apareció y anunció que ella tendría el Hijo del Altísimo. Le pondría por nombre Jesús, porque Él salvaría a Su pueblo de sus pecados. Parecía una promesa imposible de creer, pero ¿qué respondió esta muchacha?

> *Aquí tienes a la sierva del Señor [...]. Que él haga conmigo como me has dicho* (Luc. 1:38).

Reconoció que el ángel venía de parte de Dios y se encomendó a esa palabra divina. ¿En qué se estaba metiendo María? ¿En una posible humillación pública? ¿Acaso el nacimiento de su primer hijo se vería ensombrecido por la vergüenza y los chismes? ¿Se enfrentaría a la incredulidad y al escarnio? Sin embargo, se tragó cualquier miedo, se paró frente al ángel y proclamó: «Que él haga conmigo como me has dicho». Ella sabía y creía que los juicios de Dios son justos y que Sus estatutos traen bendición. Se dispuso a caminar por el sendero de Sus mandamientos, confió en que Él expandiría su corazón y que el camino de la obediencia probaría ser su refugio.

Me pregunto si nuestra hermana egipcia, la cual se adornaba con la Escritura, se habrá hecho eco de esta misma oración. Me pregunto qué sucedería si nosotras hiciéramos lo mismo de todo corazón.

22. LO ENTENDEREMOS MEJOR, TARDE O TEMPRANO

JADINE JOHNSON

La sección de *ayin* en el Salmo 119 se puede dividir en tres. En la primera sección (vv. 121-123), el escritor le pide ayuda al Señor; en la segunda (vv. 124-125), ruega pidiendo entendimiento; y en la última, el escritor declara su amor por los mandamientos del Señor (vv. 126-128).

UNA PETICIÓN DE AYUDA
Una súplica por la lealtad de Dios al pacto (vv. 121-122)
La sección *ayin* empieza con una declaración unida a una petición: «Yo practico la justicia y el derecho; no me dejes en manos de mis opresores». La primera vez que leí este versículo, me pareció que el salmista sonaba orgulloso y exigente, como si pensara que sus obras requerían que Dios actuara a su favor. Pero sabemos que el salmista era como el resto de la humanidad y que no siempre practicaba la justicia y el derecho. Y como lo expresa Soon-Chan Rah en su libro *Prophetic Lament* [El lamento profético]:

Lo que Dios siente y Su manera de actuar para con nosotros no surgen de nuestra habilidad para comportarnos de determinada manera, sino de Su fidelidad a Su propia palabra y de Su lealtad inquebrantable.

Creo que Dios le pide al salmista una fe profunda y duradera en Él y en Sus promesas. Tal vez confiaba en promesas como la de Deuteronomio 7:9: «Reconoce, por tanto, que el Señor tu Dios es el Dios verdadero, el Dios fiel, que cumple su pacto generación tras generación, y muestra su fiel amor a quienes lo aman y obedecen sus mandamientos». El salmista dedicó 15 estrofas del Salmo 119 a alabar la ley de Dios y a llamar a otros a hacer lo mismo. Ahora, en el versículo 121, es como si dijera: *Señor, he sido fiel a tu ley. No permitas que mis enemigos me opriman, porque eres fiel a tu Palabra.*

El versículo 122 continúa con dos ruegos: «Garantiza el bienestar de tu siervo» y «que no me opriman los arrogantes». La versión Reina Valera 1960 expresa el primer ruego de la siguiente manera: «Afianza a tu siervo para bien». Afianzar algo es asegurarlo y garantizar su bienestar. La palabra hebrea para «afianza» es similar a *aráb*, utilizada en Génesis 44:32. Después de que José enviara a sus hermanos de regreso a su casa, «encuentra» la copa de plata faltante que había escondido en el costal de Benjamín, su hermano menor. Cuando José confronta a Benjamín, su hermano Judá interviene y le ruega a José que no dañe a Benjamín porque Judá «salió por fiador» (*aráb*) del muchacho ante su padre (RVR1960). Una persona puede salir fiadora de otra solo si tiene más poder, fuerza o riqueza. En el Salmo 119:122, el salmista le pide a Dios que garantice su seguridad, que sea su fiador: *Si hay dificultades, no me dejes solo... cúbreme y protégeme.* En la segunda mitad del versículo 122, extiende su ruego pidiéndole a Dios, el gobernador soberano: «que no me opriman los arrogantes». *No permitas que mis opresores me asedien. Pero si lo hacen, garantiza mi bienestar. ¿Por qué? Porque eres fiel a tu Palabra.*

DIOS ES NUESTRO SALVADOR QUE NOS RESCATA DE LA OPRESIÓN

En el versículo 123, el salmista pasa de describir lo que no quiere a lo que sí desea: la ayuda de Dios; Su salvación. «Mis ojos se esfuerzan por ver tu rescate, por ver la verdad de tu promesa cumplida» (NTV). Este es probablemente mi versículo favorito de toda la sección. Lo que más me impacta de este versículo es que el salmista le pide a Dios que lo salve y a la vez que cumpla Su promesa, lo cual, dado el pedido en el versículo 122, probablemente se refiera a las promesas de Dios de rescatar a Su pueblo de la opresión.

Es más, el salmista no tan solo pide. Sus ojos se esfuerzan esperando la salvación de Dios y el cumplimiento de Sus promesas. En otras traducciones, encontramos: «Mis ojos se *consumen*». ¿Alguna vez esforzaste la vista en busca de alguien hasta que te dolieron los ojos? Imagina que estás en problemas (por ejemplo, tu teléfono celular no tiene batería y no dispones de un cargador) y estás esperando que alguien te rescate. El salmista espera la ayuda de Dios, el único que puede rescatarlo. Esfuerza la vista y busca a Dios para que lo salve y cumpla Su justa promesa. Alabado sea Dios porque ya no tenemos que esforzarnos por alcanzar la salvación, ya que Dios, que es rico en amor, envió a Su Hijo a morir por nuestros pecados para salvarnos a través de la fe en Él. Y alabado sea Dios que nos dio el regalo del Espíritu Santo y nos vistió «del poder de lo alto» (Luc. 24:49).

Ahora bien, yo no esfuerzo la vista a menos que se cumplan dos condiciones: (1) estoy segura de que alguien está en camino y (2) creo que su presencia será de ayuda. Nos esforzamos si confiamos en la venida de Dios, en Su presencia. *¿Acaso eres tú en el horizonte, Dios mío? Dijiste que vendrías. Todavía no puedo verte, pero confío en que vendrás, tal como prometiste.*

Debemos esforzarnos en buscar la ayuda y las promesas de Dios especialmente en épocas difíciles. *Señor, prometiste que jamás me dejarías ni me abandonarías. Estoy en aprietos y no puedo sentirte, pero sé que estás aquí. Señor, ayúdame a ver cómo estás obrando en esta situación. Concédeme fe para que el anhelo más profundo de mi corazón sea tu presencia... tú, Señor.*

El anhelo del salmista aquí refleja su fe perdurable en que Dios lo rescatará. Después de todo, él conocía la rica historia —su historia— de cuando Dios había rescatado a Su pueblo de situaciones desesperantes. Dios prometió que rescataría a Su pueblo de las garras del faraón y así lo hizo. Prometió que proveería alimento para Su pueblo en el desierto y así lo hizo. Incluso usó a David, en su juventud, para vencer a un enemigo gigante que desafiaba a los ejércitos del Dios vivo. David sabía que Dios podía rescatarlo.

Nosotras también tenemos una historia riquísima que cuenta cómo Dios nos ha rescatado de la opresión. Quizás todavía experimentemos opresión, pero alabado sea Dios por cómo nos libró de la institución de la esclavitud. Quizás todavía experimentemos discriminación por el color de nuestra piel, pero alabado sea Dios porque esto ya no es legal. Imagino que nuestros ancestros, que soportaron los horrores de la esclavitud, esforzaban la vista por ver la libertad. Nuestros hermanos y hermanas que están cumpliendo sentencias por crímenes que no cometieron esfuerzan la vista por ver la justicia. Y aquellos que padecen algún dolor severo, físico o emocional, esfuerzan la vista por ver la sanidad.

El esfuerzo implica esperanza.

Muchos han esforzado los ojos por ver la libertad, la justicia y la sanidad, y han muerto antes de poder vislumbrar la luz. Sin embargo, su esperanza no fue en vano porque estar con Jesús fue lo mejor que podían esperar; ninguna enfermedad, injusticia, terror u opresión pudo arrebatarles eso.

Hace poco, visité el *Legacy Museum* [Museo de la Memoria] en Montgomery, Alabama. En una pared, había una cita de T. Jones, un esclavo, que describía cómo lo habían arrancado de su familia y vendido a otro amo. Así describía la noche antes de ser separado de sus hijos: «Se nos retorcía el corazón y goteaba con lágrimas de agonía que bautizaron a nuestros hijos queridos. [...] El Dios justo recordará aquella noche en el día en que nosotros y nuestros opresores recibamos nuestro merecido». Jones confiaba en que Dios ve, conoce, se preocupa y es justo… en que el Señor cumplirá Su promesa justa cuando regrese, aun si Jones no podía verlo en su paso por este mundo.

Hoy, seguimos esforzando los ojos para ver la justicia. Este museo recuerda a aquellos que fueron asesinados y linchados en Estados Unidos. Más de 4400 personas negras fueron linchadas en ese país entre 1877 y 1950. Nadie rindió cuentas jamás por estos actos de terror. ¿Cómo podemos comprender cabalmente los horrores de estos actos brutales y no esperar que de alguna manera Dios —que es más poderoso que nosotros y que ve, conoce, se interesa y es justo— nos salve y cumpla Su promesa de justicia? Hoy esforzamos nuestros ojos al buscar y anhelar a Dios.

UN PEDIDO DE COMPRENSIÓN
En tu misericordia y tu amor, enséñame tu Palabra.

> *Trata a tu siervo conforme a tu gran amor; enséñame tus decretos. Tu siervo soy: dame entendimiento y llegaré a conocer tus estatutos* (vv. 124-125).

El salmista se refiere a sí mismo como «siervo» de Dios tres veces en la sección *ayin* (vv. 122,124,125), refleja su humildad y su conciencia de su posición en relación a Dios. No quería que Dios lo tratara de acuerdo a sus obras o a lo que merecía, sino al gran amor del Señor. Su pedido de misericordia aquí demuestra que sabe que no es intachable.

Entonces, pide entendimiento (v. 125). La palabra hebrea para «dame entendimiento» se usa seis veces en la Biblia, todas en el Salmo 119 (v. 27, traducida «hazme entender»; vv. 34, 73,125,144,169). El salmista sabe que para seguir la Palabra de Dios, necesita entenderla. Y para entenderla, necesita la ayuda y la misericordia de Dios, porque nuestros pensamientos no son Sus pensamientos, y nuestros caminos no son Sus caminos.

Señor, no permitas que nuestra educación, nuestras habilidades o nuestro conocimiento bíblico nos engañe. Ayúdanos a acercarnos a tu palabra con una conciencia de nuestra necesidad de ti y de nuestra necesidad de que nos ayudes a entender tu Palabra.

UNA PROFESIÓN DE AMOR POR LA PALABRA

En los últimos tres versículos de la sección *ayin,* el autor pasa de la petición a la declaración. En estos versículos, le pide a Dios que cumpla Su Palabra, y declara su amor por la Palabra. Hay dos cosas que me llaman la atención de estos versículos: (1) el autor ama la Palabra incluso en medio de su prueba, de sus circunstancias opresivas, y (2) el autor ama la Palabra más que las cosas de este mundo.

Incluso en el fuego.

«Señor, ya es tiempo de que actúes, pues tu ley está siendo quebrantada» *(v. 126)*. Sinceramente, cuando leí esto, tuve la misma reacción que con el primer versículo. ¿Quién es el autor como para decirle a Dios que es el tiempo? Pero en lugar de condenar esto como orgullo, ahora creo que se trata de fe; de una fe en la Palabra de Dios y fe en Dios mismo.

Si no tenemos cuidado, podemos hacer tanto énfasis en la soberanía de Dios que terminemos orando sin audacia. En vez de «Ven rápido», oramos diciendo: «Tu tiempo es perfecto». Las dos cosas están bien y son correctas, pero la primera oración refleja una desesperación, una dependencia que creo que el salmista refleja en el versículo 126: una profunda convicción de que Dios desea ayudar a Sus hijos. A veces, si no tengo cuidado, como no quiero desilusionarme, evito hacer oraciones así de arriesgadas o las racionalizo de manera que tengan sentido para mí. Sin embargo, cuando estás en aprietos, no racionalizas. Esta declaración refleja la desesperación del salmista.

Señor, en cada circunstancia, recuérdanos nuestra necesidad desesperada de ti.

Ama la Palabra por encima de todas las cosas (vv. 127-128).
El tema subyacente en toda esta estrofa, y por cierto en todo el Salmo 119, es un profundo y perdurable amor por la Palabra de Dios. Aquí, ese amor persiste incluso cuando el autor enfrenta opresión.

La declaración más fuerte de ese amor ocurre en el versículo 127: «Sobre todas las cosas amo tus mandamientos, más que el oro, más que el oro refinado». El salmista usa el simbolismo y la repetición para enfatizar su amor por la Palabra. Más que el oro, el oro refinado, el oro que ha sido probado y tratado… la forma más pura de oro. De esa manera ama los mandamientos de Dios.

En el mundo antiguo, el oro era una de las pocas cosas que no perdía su valor. Se podía usar para comprar prácticamente cualquier cosa. Tener oro permitía pagar por cuestiones cotidianas como la comida, la vestimenta y el refugio, y comprar seguridad, soldados y armas. El salmista quiere asegurarse de que su audiencia sepa que él valora la Palabra de Dios más que el oro, más que los recursos que podría usar para obtener una mayor seguridad física.

Además, «[estima] rectos todos [Sus] mandamientos» (RVR1960), y por esto, detesta todo camino falso. El versículo 128 en la Nueva Traducción Viviente dice: «Cada uno de tus mandamientos es recto, por eso detesto todo camino falso». No podemos servir a dos señores. El salmista no acata ninguna ley que vaya en contra de la Palabra de Dios. Su amor por todos los mandamientos de Dios no depende de su habilidad de entenderlos. Tiene un deseo bueno y santo de entender la ley de Dios, y le pide a Él que le dé entendimiento en los versículos 124 y 125. Sin embargo, en el versículo siguiente, alaba la Palabra de Dios y descansa en ella. Concluye esta sección con un amor inquebrantable por la Palabra de Dios y Sus caminos. Sabe lo suficiente como para seguir adelante con la plena seguridad de que la Palabra de Dios es verdad. Dios es fiel y siempre cumple Sus promesas.

Señor, danos un amor profundo por tus mandamientos, sobre todo lo demás, incluidos los tesoros y las búsquedas terrenales.

Ayúdanos a seguirte y a confiar en ti en todo, incluso cuando no entendemos.

> *We are often destitute of the things that life demands,*
> *Want of food and want of shelter, thirsty hills and*
> *barren lands;*
> *We are trusting in the Lord, and according to God's*
> *Word,*
> *We will understand it by and by.*
> *By and by, when the morning comes,*
> *When all the saints of God are gathered home,*
> *We will tell the story of how we've overcome,*
> *For we'll understand it better by and by.*
> *Trials dark on every hand, and we cannot*
> *understand*
> *All the ways that God could lead us to that blessed*
> *promised land;*
> *But He guides us with His eye, and we'll follow till*
> *we die,*
> *For we'll understand it by and by.*
> *By and by, when the morning comes,*
> *When all the saints of God are gathered home,*
> *We will tell the story of how we've overcome,*
> *For we'll understand it better by and by.*

> *A menudo nos faltan las cosas que esta vida demanda,*
> *Carecemos de alimento o de refugio, colinas sedientas y*
> *   tierras secas;*

Confiamos en el Señor y según Su Palabra,
Lo entenderemos, tarde o temprano.

Tarde o temprano, cuando llegue la mañana,
Cuando todos los santos de Dios se reúnan en casa,
Contaremos la historia de cómo vencimos,
Porque lo entenderemos mejor, tarde o temprano.

Pruebas oscuras a diestra y siniestra, y no entendemos
Todos los caminos por los que Dios podría guiarnos a esa
 bendita tierra prometida;
Pero Él nos guía con Su mirada, y lo seguiremos hasta
 morir,
Porque lo entenderemos, tarde o temprano.

Tarde o temprano, cuando llegue la mañana,
Cuando todos los santos de Dios se reúnan en casa,
Contaremos la historia de cómo vencimos,
Porque lo entenderemos mejor, tarde o temprano.[1]

---

1. *«We'll Understand It Better By and By»* [Lo entenderemos mejor, tarde o temprano], Charles A. Tindley, 1905.

23. MÁS ALLÁ
DE LA SUPERFICIE:
EL REGALO DE PROFUNDIZAR

KA RICHARDS

Sin duda, uno de los lugares más increíbles de Estados Unidos es el Gran Cañón. Todo el mundo habla maravillas de su belleza y majestad. Hace poco, miré un video del parque nacional, y el narrador dijo algo que me impactó. Lo que dijo (en mi paráfrasis) fue:

> *La mayoría de los visitantes del Gran Cañón llegan*
> *por el borde sur y solo ven el cañón desde ese punto de*
> *vista. Muy pocos llegan al borde norte e incluso menos*
> *descienden hasta el valle en sí. Las estadísticas dicen que*
> *solo un 5 % de todos los visitantes baja del borde. Las*
> *personas van, llegan hasta el borde sur, miran el paisaje y*
> *sienten que experimentaron el Gran Cañón. Sin embargo,*
> *se pierden la oportunidad de explorar verdaderamente el*
> *interior del cañón y ver la diversidad que el lugar tiene*
> *para ofrecer. Hay lugares debajo del borde del cañón*
> *donde hay una absoluta quietud. Solo estás tú*

*y la naturaleza que te rodea. Tus sentidos se
acostumbran a los sonidos del borde del cañón o a los
goteos primaverales; esas son las experiencias debajo del
borde. Algunos de los primeros exploradores llegaron
al borde y miraron hacia abajo del cañón, pero lo
vieron como un lugar infranqueable. Pensaron que
era un lugar sin vida, indeseable, que nadie visitaría
en forma intencional. Sin embargo, hay artistas que
captaron imágenes que representan al Gran Cañón y
las compartieron con el país, y al final con el mundo, lo
cual ayudó a que se apreciara el valor escénico de este
paisaje. El Gran Cañón nos enseña a bajar la velocidad,
a absorber todo, a descubrir qué hay más allá del camino
y a mirar en lo profundo del cañón en sí....*

Estas imágenes me recuerdan cómo muchas de nosotras nos acercamos a la Palabra de Dios. Estamos de acuerdo en que la Biblia es la Palabra de Dios —absolutamente suficiente, poderosa e infalible—, pero después solo la leemos por arriba o sacamos versículos fuera de contexto. Y así, pensamos que hemos experimentado las maravillas de la Palabra de Dios. Una investigación reciente del Grupo Barna muestra que el 87 % de los hogares estadounidenses tiene una Biblia, pero tan solo el 32 % de los norteamericanos leyó o escuchó la Biblia o la usa en oración. Se pierden la oportunidad de explorar y experimentar de verdad, y de conocer a Dios íntimamente: Su santidad, justicia, paz, poder, gracia, misericordia y amor.

Al igual que los primeros exploradores que mencionó el narrador, algunas personas tan solo ven la Biblia como una colección de libros sin demasiada relevancia, asombro o poder. No ven la Palabra de Dios como una gran historia de un Dios misericordioso, amoroso, justo y santo que redime a un pueblo pecaminoso para Su gloria. Para ver cómo se desarrolla la historia, debemos profundizar mediante la oración, la meditación y el estudio sistemático, de manera que podamos descubrir y experimentar las riquezas, el poder y las maravillas de la Biblia. Entonces, estaremos ansiosas por compartirla con la familia, los amigos y vecinos, para que el mundo sepa que el Dios del universo habla, ¡y que Sus palabras son maravillosas!

Cuando nos acerquemos a la Palabra de Dios, hagámoslo con tranquilidad, absorbiendo lo que leemos y abriéndonos a conocer a este maravilloso Dios de la Biblia.

Los seres humanos fueron creados para asombrarse porque Dios nos hizo para que al mirarlo nos asombráramos, y eso nos llevara a la adoración. Pero a menudo, nuestro asombro está incompleto o mal dirigido, y por eso, nos pasamos la vida persiguiendo una experiencia más plena de distintas maneras. Una de las más comunes es buscar el asombro en la naturaleza... esta es la razón por la cual millones visitan el Gran Cañón cada año. La naturaleza produce una sensación de paz que sobrepasa nuestro entendimiento, junto con una sensación de estar en la presencia de algo mucho más grande que nosotras. Sin embargo, nos quedamos con ganas de más, porque la experiencia está incompleta; tan solo hemos probado una muestra de la fuente de nuestro anhelo más profundo de asombro.

Existe una relación de causa y efecto entre el asombro y nuestro corazón. El asombro puede influenciar nuestra voluntad, nuestros deseos y pensamientos. El objeto de nuestro asombro a menudo nos llevará a adorarlo y de esa manera formará nuestra vida. Controlará nuestras cuentas bancarias, dirigirá nuestras agendas y dictará nuestros temas de conversación.

Soy hmong estadounidense, inmigrante de segunda generación. Mi familia vino a Estados Unidos como refugiada, escapó del genocidio hmong en Laos en 1975, después de la guerra de Vietnam. Miles de otros hmongs han escapado a Estados Unidos en busca de refugio, y ahora las comunidades más grandes viven en California y Minnesota. En la herencia hmong, la creencia dominante es el chamanismo. Hay un gran asombro ante el ámbito espiritual y los seres espirituales. Esta fascinación con el ámbito espiritual y los seres espirituales formó a nuestro pueblo, nuestra identidad y nuestra cultura. Los hmongs creen que aquí se encuentra la respuesta a todo lo que hay en esta vida y en la vida después de la muerte. Y este asombro fatalmente mal dirigido lleva a adorar a ídolos y demonios.

Sin embargo, ¡hay esperanza para mi pueblo! Dios, que es rico en misericordia, nos amó y envió a Su Hijo Jesús a dar Su vida en una cruz para pagar el castigo de nuestra adoración desviada a dioses falsos, de manera que cualquiera que crea en Él no se pierda, sino que tenga vida eterna. Jesús es la respuesta para el pueblo hmong, para mi pueblo. En Él no hay imperfección y jamás quedaremos insatisfechas, si dirigimos nuestro asombro y adoración a Él y encontramos vida en Su Palabra.

Por supuesto, esto no es nada nuevo. En esta parte del Salmo 119, vemos cómo el asombro del salmista por la Palabra de Dios manifiesta su asombro ante el único Dios verdadero. Esto lo impulsa a prestar atención a la Palabra de Dios: a confiar en ella, obedecerla, desearla y llorar al leerla. La Palabra de Dios transforma, moldea e informa con poder su vida.

El salmista empieza su oración a Dios expresándole adoración por la maravilla de Su Palabra (vv. 129-130). Después, pasa a cuatro peticiones formadas por la Palabra de Dios y motivadas por Su carácter, las cuales, a su vez, arraigan su identidad en Dios.

LA PALABRA DE DIOS ES MARAVILLOSA

El salmista teme y adora la Palabra de Dios por lo que Dios es. En el versículo 129, la palabra «obedezco» en hebreo transmite la idea de guardar o cumplir la Palabra de Dios. Cuando vemos verdaderamente la Palabra de Dios como algo maravilloso, tenemos cuidado de cumplirla, lo cual produce una obediencia en nuestra alma. La Palabra de Dios es infinitamente maravillosa porque tenemos un Dios infinito.

> *¡Qué profundas son las riquezas de la sabiduría y del conocimiento de Dios! ¡Qué indescifrables sus juicios e impenetrables sus caminos!* (Rom. 11:33).

Su Palabra da vida (Sal. 119:25,93). Su Palabra es justa (vv. 7,75,106), verdadera y fidedigna (vv. 86,142), digna de confianza y esperanza (vv. 42,74,81). Su Palabra da guía, conocimiento y entendimiento (vv. 104,105,130), fortaleza, paz y consuelo (vv. 28,50,52,76,165). Su Palabra nos protege de la impureza y del pecado (vv. 9,11,133). Su Palabra permanece para siempre (vv. 89,152,160).

Tenemos que pedirle continuamente a Dios que abra nuestros ojos para que podamos contemplar las maravillas de Su Palabra (v. 18), para que podamos deleitarnos en ella más que en todas las riquezas (v. 14), para proclamar la dulzura de Sus palabras, que son más dulces que la miel (v. 103) y para amarlas más que el oro refinado (v. 127). Permite que tu corazón se maraville ante Sus palabras y se regocije en ellas como aquel que halla un gran botín (v. 162).

LA PALABRA DE DIOS ILUMINA

Si vemos la Palabra de Dios como algo maravilloso y tenemos cuidado de cumplirla, la estudiaremos. A medida que abrimos la Palabra de Dios y profundizamos en sus riquezas, la luz de Su verdad irradia e ilumina nuestra mente y nuestro corazón. Esta luz es conocimiento espiritual que imparte comprensión y discernimiento espiritual al sencillo. En cierta forma, somos ese «sencillo» del cual habla el salmista en el versículo 130; somos ingenuas y nos falta sabiduría y discernimiento para la vida. Necesitamos luz y la encontramos en estas palabras de nuestro Dios.

LA PALABRA DE DIOS ES ESENCIAL

El salmista se describe como alguien sofocado y al que le cuesta respirar, o alguien extremadamente sediento y jadeante (v. 131). Sin aire, nos morimos en minutos. Sin agua, morimos en cuestión de días. Tal como alguien jadearía en busca de aire o agua porque su cuerpo tiene una necesidad desesperada, el salmista jadea por la Palabra de Dios. Así de grande es su necesidad, porque sabe que, tal como el autor de esa Palabra diría algún día: «No solo de pan vive el hombre, sino de toda palabra que sale de la boca de Dios» (Mat. 4:4).

De la misma manera que nuestro cuerpo necesita aire y agua para vivir y gozar de buena salud, tú y yo necesitamos la Palabra de Dios para nuestra vida y salud espiritual. Que podamos jadear por la Palabra de Dios porque la recibimos como las palabras del mismo Señor, convencidas de su poder de impartir vida. La Palabra de Dios es necesaria para cada día y no tan solo un accesorio para el domingo. A veces, tal vez nos cueste y no tengamos deseo de leer la Palabra de Dios, pero no debemos darnos por vencidas; en cambio, tenemos que rogarle al Señor que incline nuestro corazón a Sus testimonios (Sal. 119:36).

LA PALABRA DE DIOS NOS IMPARTE GRACIA

La primera petición de la estrofa no aparece hasta el versículo 132, y es un pedido de que Dios conceda gracia. El término «gracia común» describe la gracia de Dios para todos; «gracia especial» describe Su gracia específica para Sus hijos. Vemos la gracia común de Dios al contener el mal y en Su provisión para toda la vida cada día. Pero la gracia especial salva, sostiene, redime y bendice a los hijos de Dios. Esta es la provisión de Dios para aquellos que lo aman; y si tú lo amas, anhelarás apegarte a Su Palabra (v. 131). Aunque recibimos gracia de Dios, no deberíamos sentirnos con derecho a obtenerla. Nos resulta tan fácil ir por la vida sin considerar nuestra necesidad de la gracia de Dios, suponer que Él nos la concederá, en lugar de pedírsela. Acerquémonos en humildad y con confianza a Su trono de la gracia, para que podamos recibir misericordia y hallar gracia en tiempo de necesidad (Heb. 4:16).

LA PALABRA DE DIOS NOS GUARDA

La segunda petición es para que Dios guíe o establezca la vida del salmista, su voluntad y sus deseos, de acuerdo con la Palabra de Dios (Sal. 119:133). ¿Le pides a Dios que establezca tu vida, tu voluntad y tus deseos firmemente en Su Palabra, de manera que cada aspecto de tu vida se alinee con Su voluntad? Esta es la manera de alcanzar bendición que se describe en el Salmo 1. Deberíamos orar para que el pecado no se enseñoree de nosotras. En el evangelio, somos liberadas del castigo del pecado y de su poder. Sin embargo, para vivir esa liberación, necesitamos la ayuda de Dios.

LA PALABRA DE DIOS SE OPONE

Jesús dijo que Él no había venido a traer paz al mundo, sino espada (Mat. 10:34). Lo que quiso decir es que el mundo detestará y perseguirá a los creyentes porque lo odió a Él primero (Juan 15:18-20). Como Jesús es verdad y es luz, Su presencia misma y Sus palabras se oponen a los que aman los caminos oscuros y malvados del mundo. Observa en el Salmo 119:134 —la tercera petición del salmista— que él le pide a Dios que lo redima de la persecución, no para que pueda vivir con mayor libertad, sino para poder guardar más libremente la Palabra de Dios. Que podamos tener un corazón que no solo desea una vida libre del sufrimiento y la persecución, sino una vida piadosa y de obediencia fiel a la Palabra de Dios.

LA PALABRA DE DIOS PRODIGA
FAVOR Y BENDICIÓN

Que Dios haga brillar Su rostro sobre ti (v. 135) implica que te dé abundante favor y bendición (Sal. 4:6-7; 67:1-2). Sería como gozar de una condición VIP, con todos los privilegios adicionales. La cuarta y última petición del salmista es obtener el favor y la bendición de Dios sobre las tres peticiones anteriores (gracia, una vida de acuerdo a la Palabra de Dios y libertad de la persecución).

Entonces, le pide a Dios que le enseñe más de Su Palabra. Aprender y conocer la Palabra de Dios es una consecuencia del favor y la bendición de Dios. En última instancia, Dios es quien enseña Su Palabra. El Espíritu Santo es el que trae entendimiento. ¿Significa esto que no necesitamos que otros nos enseñen la Palabra de Dios? Por supuesto que no. Los levitas y los sacerdotes cumplían la función de enseñar la Palabra de Dios (Lev. 10:11). Jesús nos manda que enseñemos todo lo que Él mandó (Mat. 28:20). Dios le ha regalado maestros a la iglesia (1 Cor. 12:28). Sin embargo, nos enseña principalmente en nuestro interior; nos da a cada una de nosotras luz, entendimiento y sabiduría (Sal. 119:130). Entonces, no importa cuán excelente sea el predicador que está al púlpito o lo inspirador que sea el autor de determinado libro cristiano… debemos pedirle a Dios estas cosas. Cuando conocemos y experimentamos a Dios a través de Su Palabra, deseamos conocer más la Palabra.

LA PALABRA DE DIOS GENERA AMOR POR DIOS Y POR LOS DEMÁS

A primera vista, ¡parecería que el versículo 136 es un final extraño para esta estrofa! El salmista está desconsolado y llora a mares. ¿Por qué? Porque la Palabra de Dios no se obedece. Amar la Palabra de Dios nos lleva a sentir dolor ante la falta de obediencia y reverencia a ella por parte de los demás y de nosotras mismas. Esto me conmueve profundamente. Con toda sinceridad, ¿cuán a menudo nos lamentamos y lloramos porque la Palabra de Dios no se cumple o reverencia?

Entonces, ¿cómo llegamos al punto de quebrantarnos ante la obediencia a la Palabra de Dios, al igual que el salmista? El dolor porque la Palabra de Dios no se cumple surge de un temor y una reverencia sinceros ante la Palabra. De verla como algo maravilloso, sabio, vivificante, lleno de gracia, guía y protección, y como las palabras mismas de Dios. Recuerdo una frase de una canción llamada «Hosanna», que dice: «Haz que mi corazón se rompa por aquello que rompe el tuyo».

Oremos para tener esta clase de amor por Su Palabra; que podamos lamentarnos por cualquier ofensa en su contra, porque amamos a su Autor.

Debido a esta reverencia a Dios, a este amor por Su Palabra y este dolor cuando Su Palabra no se cumple, nos veremos impulsadas a dar nuestra vida por otros para llevar la buena noticia de Jesús a todos los que «no [guardan Su] ley» (v. 136, RVR1960). Oro con ansias para que más personas entre los hmongs escuchen y respondan a la buena noticia de Jesús. Hay tantos sin alcanzar. Hay tantos que no saben lo terrible que es no guardar la ley de Dios, y no conocen la gloria de Su amor incondicional.

Jesús nos mandó a ir y hacer discípulos, y a enseñarles que obedezcan todo lo que Él mandó (Mat. 28:19-20). Que podamos ir, que nos detengamos a mirar profundamente dentro de Su Palabra eterna y viva; que creamos y confiemos en el maravilloso poder de esa Palabra para salvar y proclamemos esa Palabra con Su amor y compasión por los perdidos.

24. LA DECLARACIÓN DE LA INDEPENDENCIA Y YO

DANIELLE ANDERSON

Sostenemos como evidentes estas verdades: que todos los hombres son creados iguales; que son dotados por su Creador de ciertos derechos inalienables; que entre estos están la vida, la libertad y la búsqueda de la felicidad.[1]

Cada semana, dedico gran parte de mi tiempo a educar a mis hijos en casa. Este año, para historia, nos concentramos en la formación y el crecimiento inicial de Estados Unidos. Una de las actividades nos llevó a leer partes de la Declaración de la Independencia y la Constitución de Estados Unidos. Por más hermosas y profundas que sean las palabras en algunos de estos documentos, me encuentro con un profundo dolor al leérselas a mi hijo porque me doy cuenta de que no fueron escritas para mí. Mientras leía la Declaración de la Independencia, recordé palabras que el autor y orador

---

1. La Declaración de la Independencia de Estados Unidos, 1776

Mark Charles dijo en una conferencia años atrás: «La Declaración de la Independencia se escribió para hombres blancos y terratenientes».

No soy blanca.

No soy un hombre.

Soy una mujer.

Soy una mujer negra.

Desciendo de los cheroquis.

Mis ancestros negros eran esclavos y los trataban como propiedad cuando se escribió este documento. Mis ancestros cheroquis fueron asesinados, y esta misma Declaración de la Independencia hace referencia a ellos como «despiadados indios salvajes».

Sinceramente, ese día tenía sentimientos encontrados, y me sucede lo mismo cada vez que considero ese documento. Me siento triste, enojada y devaluada. Y cada vez, tengo que recordarme que la Declaración de la Independencia se escribió por manos de hombres caídos. No importa cuánto algunos estimen a los padres fundadores; eran tan solo hombres… limitados, imperfectos.

En un hermoso contraste, las palabras a las cuales el salmista se aferra con todo su ser vienen de un Señor eternamente justo, el cual es ilimitado y perfecto. El salmista elaboró ocho versos de exquisita poesía para destacar esta verdad maravillosa. Un tercio de la Escritura es poesía, un género que tiene que ver con la creación de una experiencia, no tan solo con comunicar información. Está diseñado para tomar con calma, para marinarse en él.

Ven y experiméntalo conmigo.

Estos ocho versículos empiezan con la letra hebrea *tsade,* y el salmista empieza con la siguiente declaración: «SEÑOR, tú eres justo» (v. 137). Y como es justo, también lo son Sus palabras y Sus juicios. Son justos y legítimos. Los siete versículos siguientes dependen de esta extraordinaria verdad: un Dios justo genera reglas justas.

UNA DESIGNACIÓN JUSTA

Aun la designación de estas reglas justas se hizo «con justicia, y con suma fidelidad» (v. 138, LBLA). Mencionamos brevemente esta idea antes, cuando consideramos la Declaración de la Independencia. Cuando se designó este documento, no se hizo con suma fidelidad. La Declaración afirma que «todos los hombres son creados iguales», pero, en efecto, no trata a todos los hombres (ni hablar de todas las personas) como tales. A las mujeres, las personas de color y los pobres no se los trataba como iguales, sino que a menudo se los relegaba al margen de la sociedad. La declaración no fue fiel a esos grupos de personas. No fue fiel a mí. Posiblemente, no fue fiel a ti. Pero donde las palabras del hombre pueden fallarnos u olvidarnos, las palabras de Dios jamás lo hacen porque Él nunca lo hace.

EL ENOJO JUSTO

Ahora, el salmista confiesa algo: que su «celo» religioso (su grado de devoción a Dios) lo abruma; lo «consume», casi llegando a destruirlo (v. 139). ¿Por qué? Porque sus enemigos «pasan por alto» las palabras justas de Dios; las ignoran y no les importan.

¿Alguna vez amaste algo o a alguien tanto que te hervía la sangre cuando alguien lo ignoraba o no lo valoraba? ¿Alguna vez te superó tu celo? Si soy sincera, a mí sí. Me pasó cuando alguien dijo alguna locura sobre uno de mis hijos. Por dentro, esperaba que el culpable dijera una cosa más, tan solo UNA cosa más… para que tuviera una excusa para herirlo verbalmente ¡o quizás incluso físicamente! ¡Lo digo de verdad!

Pero eso era celo por mis hijos, no por mi Señor. Este versículo tocó un punto sensible, porque no suelo llegar a ese nivel de pasión cuando alguien se olvida de las palabras del Señor. ¡Ayúdame, Señor! Dame el celo del salmista. Permite que me consuma el celo porque comparto su amor y su devoción por ti y por tu Palabra.

UNA PUREZA PROBADA

Las promesas del Señor «fueron sometidas a una prueba rigurosa» (v. 140, NTV). Han sido probadas una y otra vez, y fue probada su pureza. La imagen que se nos pinta en este versículo es la de un metal que está siendo refinado; sometido a un alto calor para quitar las impurezas. Pero en vez de encontrar y separar impurezas, cuando el calor purificador se enciende sobre las palabras del Señor, estas prueban su pureza absoluta. No hay ninguna impureza que haya que quitar, ninguna inconsistencia que las descalifique. A la luz de esta verdad, el salmista (el «siervo» del Señor) «ama» estas promesas sin impureza alguna.

Me anima especialmente que el autor use la palabra «promesas» para referirse a la Palabra del Señor. Tan solo en los ocho versículos que estoy analizando aquí, utiliza varios términos distintos para referirse a esta Palabra justa: «juicios», «estatutos», «preceptos», «ley» y «mandamientos». Pero parece especialmente adecuado que use «promesas» cuando habla de la pureza probada de la Palabra. El Señor es fiel. Ha probado ser verdadero, puro y justo.

Cumple Sus promesas.

PARA LOS INSIGNIFICANTES

Sin embargo, a pesar de (o quizás debido a) su celo por esta Palabra bien probada, nuestro escritor confiesa que se siente insignificante. No nos dice por qué se siente así, pero es como se siente; incluso dice que es menospreciable… descartado, considerado sin valor alguno.

«Pero…».

El salmista empieza la segunda línea del pareado en el versículo 141 (NTV) con la primera palabra de contraste que he visto en esta sección *tsade. Pero,* a pesar de esas realidades, el salmista se aferra a la Palabra del Señor y no se olvida de Sus preceptos. Tal vez, en su insignificancia, es consciente de la debilidad de su propia justicia y recuerda la justicia eterna del Señor. Quizás su insignificancia lo impulsa a recordarse que estas palabras justas son para los pequeños, los olvidados, los impotentes, los considerados sin valor. Son las palabras mismas de Dios, el cual le da (y nos da) valor, nos equipa con poder y jamás nos olvida.

UNA JUSTICIA ETERNA

El Señor no es justo solo un momento, un día o un año…
Su justicia es «siempre justa» (v. 142). Y Su Palabra es verdad —estable y certera— para siempre. Me cuesta entender
cabalmente este concepto, pero lo que llego a comprender es
asombroso: la justicia del Señor dura para siempre.

Siempre será justo.

Es imposible que no lo sea.

No puede hacer nada injusto.

No puede hablar de manera injusta.

Debo confesar algo: no siempre lo creo. Miro ciertas situaciones y mi respuesta reflejo es: «Te equivocaste, Señor. Está
mal. No es justo». Pero nuestro Dios no obra así… no es así.
Él es justo para siempre y no puede mentir. Tito 1:2 lo deja
bien en claro: «Dios, que no miente, ya había prometido antes
de la creación…». Aunque hay momentos en los que nuestras
situaciones, experiencias o lógica nos convencen de que la
Palabra de Dios no es justa, sí lo es, porque Él es justo para
siempre y podemos aferrarnos a eso.

REGOCIJARSE EN MEDIO DE LOS PROBLEMAS

El Salmo 119:143 nos da otra declaración específica sobre el
salmista. Ha «caído en la angustia y la aflicción». Y lo presenta
delante del Señor. Que podamos seguir su ejemplo al confesar,
en lugar de esconder, nuestra angustia y aflicción. Podemos
ser sinceras con el Señor; Él puede soportarlo. La palabra
«angustia» aquí significa literalmente un confinamiento, un
lugar angosto. ¿Alguna vez te sentiste encerrada en un lugar

así? ¿Como si las paredes estuvieran cada vez más cerca y no pudieras moverte? ¿Tal vez ni siquiera podías respirar? Yo sí.

«Pero...». Otra vez un contraste. Aunque su circunstancia presente es de tribulación, dolor y angustia, él puede regocijarse en los mandamientos de Dios.

Ah, esto es hermoso y doloroso. No sé exactamente a qué angustia de su vida se refiere el salmista, pero he experimentado algunas propias. Específicamente, la noche oscura del alma que viene después de perder un hijo. El Señor sabe que conozco de cerca el dolor; conozco bien la angustia. Sin embargo, después de años de transitar este camino de dolor y restauración, puedo identificarme con el autor aquí. Ha llegado el regocijo, en medio de un gran dolor, a través de la Palabra de Dios.

Hermana, que nunca leas estas palabras y pienses que debes despojarte rápido de tu dolor para saltar al regocijo. En cambio, que estas palabras sean una verdad que se vuelvan, cuando Dios disponga, un bálsamo en medio de la tribulación.

ENTENDIMIENTO PARA LA VIDA

Llegamos a la última línea del poema *tsade* y ahora tenemos la primera petición. El salmista vuelve a declarar que los «estatutos [del Señor] son siempre justos», y a la luz de esto, pide «entendimiento» (v. 144). ¿Por qué?

«Para poder vivir».

Esto parece tan adecuado. Puede reconocer verdades importantísimas sobre el Señor y Su Palabra: son puros y verdaderos. Pero declarar estas verdades lo lleva hasta cierto punto.

Para poder vivir, ruega recibir «entendimiento». Pide discernimiento: literalmente, la capacidad de separar en su mente lo que es verdad de lo que no lo es. Me encanta la humildad, sabe que tiene que mirar fuera de sí mismo para hallar «entendimiento»; tiene que buscar más allá de sí mismo para «poder vivir».

Qué recordatorio perfecto de nuestro Salvador, Jesucristo, la Palabra encarnada. En Él y solo en Él podemos experimentar vida verdadera. No acudimos a la Escritura solo para obtener información sino para experimentar vida, y la Palabra señala a Aquel que puede dar vida. En el Evangelio de Juan, Jesús declara:

> *Ustedes estudian con diligencia las Escrituras porque piensan que en ellas hallan la vida eterna. ¡Y son ellas las que dan testimonio en mi favor! Sin embargo, ustedes no quieren venir a mí para tener esa vida* (Juan 5:39-40).

Todas las verdades maravillosas que están pintadas de manera tan hermosa en este poema se cumplen en Él.

Jesús es nuestro Señor justo con reglas justas.

Jesús tuvo una misión justamente ordenada.

Jesús es el ejemplo perfecto del enojo justo.

Jesús ha superado muchas pruebas y probó Su pureza.

Jesús es para los insignificantes.

Jesús es justo para siempre.

Jesús es nuestro regocijo en tiempos de angustia.

Jesús es vida.

Jesús es Señor y es para siempre justo.

Ya mencioné antes que en la poesía bíblica, el Señor nos invita a una experiencia; no se trata solo de transmitir información. Al sentarme en medio de esta Escritura, experimenté gozo, consuelo, convicción, frustración y paz. ¿Qué me dices de ti? ¿Qué experimentaste? Las preguntas de más abajo pueden ayudarte mientras reflexionas. O tal vez el Señor haya traído otras preguntas a tu mente que quiere que respondas o cuestiones que desea que te detengas a considerar. Sigue Su guía.

Mi oración por ti mientras te sientas con Él y con Sus palabras es que puedas sentirte abrumada por Su bondad y Su amor para contigo, manifestados de manera suprema cuando envió a Su Hijo eternamente justo, Jesucristo. Mi oración es que sigas acercándote a Él a medida que experimentes Su justicia a través de Su palabra justa.

- ¿Estás de acuerdo con que los juicios del Señor son rectos? ¿Por qué o por qué no?
- ¿Qué significa para ti que los estatutos que ha ordenado el Señor sean justos y muy dignos de confianza?
- ¿Cuándo te consume tu celo? ¿Tiene algo que ver con las palabras del Señor? ¿Por qué o por qué no?
- Describe algún momento en el que te hayas encontrado amando las palabras puras del Señor.
- ¿Alguna vez te sentiste menospreciada? ¿Qué papel jugaron los preceptos del Señor en ese tiempo?
- ¿Qué diferencia marcará en tu vida que el Señor sea por siempre justo y que Su Palabra sea verdad?

- Describe algún momento en que hayas caído en angustia y aflicción. ¿Sus mandamientos fueron tu regocijo? ¿Por qué o por qué no?
- Si tuvieras una petición después de meditar en esta Escritura, ¿cuál sería?

25. MUY DE MAÑANA

K. A. ELLIS

When the sun is high in the afternoon sky,
You can always find something to do;
But from dusk till dawn as the clock ticks on
Something happens to you...
In the wee small hours of the morning,
While the whole wide world is fast asleep...

Cuando el sol está en lo alto del cielo vespertino,
Siempre se puede encontrar algo para hacer;
Pero desde el crepúsculo hasta el amanecer,
  mientras corre el reloj
Algo te sucede...
Muy de mañana,
Mientras todo el mundo duerme...[1]

---

1. *«In the Wee Small Hours of the Morning»* [Muy de mañana], 1955, música y letra de Bob Hilliard y David Mann.

Esta es una canción de la vieja escuela, una bella reliquia de mediados del siglo xx en Estados Unidos. Mi versión favorita de la canción es la de Ella Fitzgerald, mayormente porque la voz aterciopelada de Ella nos envuelve como un tapado, llena de ironía lírica y musical.

En realidad, la canción es una especie de truco. Las palabras hablan de desvelo, pero a su vez la música de fondo es una canción de cuna hipnótica. Nos arrulla y propicia el sueño con una insistencia suave… una canción de cuna para aquellos cuyas mentes no descansan.

Me encanta esta canción por la tensión que presenta. Demasiadas veces, me quedo despierta pensando en el día, anhelando resoluciones que sencillamente no puedo encontrar a las tres de la mañana. Sin embargo, a diferencia de la escena presentada en los próximos versículos de la canción, no me quedo despierta y «pienso en el muchacho». Muy de mañana, hay otras ansiedades que se acercan a mis oídos sin hacer ruido.

Cuando era joven y soltera, las sombras largas y azules de la noche se dibujaban sobre la almohada vacía junto a mí. Hoy en día, la luz azul cae sobre la persona más cercana a mi corazón, mientras mi esposo duerme plácidamente, con una paz enloquecedora. Su respiración va al ritmo de la aguja del reloj, marcando los minutos en los que yo debería estar durmiendo… pero no puedo.

A veces, muy de mañana, algo olvidado hace mucho tiempo me arranca sin aviso de un buen descanso. Envuelve mi corazón con sus dedos helados y lo hace latir más rápido que el ritmo de la música electrónica. Me quedo ahí acostada, bañada de pánico, a la espera de la hora en la que el resto del mundo se despierte y mi compañía de día espante los miedos fantasmas de mi mente.

Por cierto, durante el día, invierto demasiada energía peleando contra los enemigos imaginarios de lo que podría ser, lo que debería ser o lo que habría sido… ya sea que yo misma los invente o que otros me los sugieran. Las sombras siempre parecen más grandes bajo la luz tenue de la noche.

EL CREPÚSCULO ANTES DEL AMANECER: EL PATRÓN DE LA CREACIÓN

A menudo, me ha llamado la atención que «en el principio» se estableció el patrón bíblico de la noche a la mañana, y no de la mañana a la noche como solemos medir el tiempo. Génesis nos dice que el patrón de la creación iba del crepúsculo al amanecer: «Y fue el *éreb* (crepúsculo), y fue el *boquer* (amanecer): Día uno» (Gén. 1:5, traducción propia).

Crucifixión antes que resurrección.

Viernes antes que domingo.

Es el patrón olvidado de tiempo de la creación.

Me sorprende que a mis mayores preocupaciones se las traga el vacío entre *éreb* y *boquer,* ese espacio especial entre el crepúsculo y el amanecer que nos gusta llamar «noche». La noche, y la incertidumbre que trae consigo, capta la lucha de la vida entre el «ya fue» y el «todavía no». Al igual que el poeta de Dios que escribe estos versículos de la estrofa *qof* del Salmo 119, he llorado con todo el corazón en las vigilias de la noche, por cuestiones grandes y pequeñas.

¿El temor es tu ladrón en la noche, como el mío y el del poeta? ¿Tienes también noches en las que te quedas rumiando en malentendidos, o sientes reproches repentinos por palabras que quedaron sin decir o que se dijeron sin pensar, o lamentas cosas que hiciste o que no hiciste? La noche suele ser el momento en que pierdo el control de mi mente, y esta termina anhelando algo que no es para mí o planea cómo sacudirse situaciones que se apilaron sobre mí sin haberlo pedido. Muy de mañana, lucho con mi propia impotencia... mi incapacidad de controlar a la perfección mis circunstancias o a las personas que me rodean.

Sin embargo, la noche también puede ser un momento de humillación que me lleve de rodillas, de una manera en la que el día no puede hacerlo.

Como una telaraña aterciopelada a la luz de un farol de la calle, esta sencilla estrofa *qof* en el Salmo 119 recoge los insectos oscuros que ocupan el espacio entre el crepúsculo y la mañana. Atrapa lo que acecha entre el «ya fue» y el «todavía no», y encuentra las preocupaciones e inquietudes de este mundo zumbando fuerte en su trampa, donde las envolvemos una y otra vez en nuestras ansiedades y las vaciamos de toda esperanza y posibilidad.

> *Con todo el corazón clamo a ti, SEÑOR;*
> *respóndeme, y obedeceré tus decretos.*
> *A ti clamo: «¡Sálvame!»*
> *Quiero cumplir tus estatutos* (vv. 145-146).

«Con todo el corazón…». El poeta de Dios revela que la profundidad del temor y la ansiedad humanos solo pueden tratarse y vencerse con una profundidad igual o mayor de oración; y sin embargo, la oración puede seguir siendo un sencillo «Ayúdame; tengo miedo. Estoy enojada. Estoy confundida. Estoy deprimida. Estoy cansada. Si mis circunstancias no cambian, entonces Señor… asegúrame que estás conmigo en medio de mi malestar». La oración de la noche es para los desanimados, los desganados y los que tienen el corazón roto. Es el lugar perfecto para los temerosos y desesperados.

La oración del salmista es breve pero profunda: «¡Sálvame!». Las muchas palabras no amplifican la respuesta de Dios. Él sabe que somos débiles y que a menudo nos faltan las palabras. De alguna manera, en el espacio ante el trono, se forma esta ecuación divina: brevedad + profundidad de alma = más que suficiente para mover la mano de Dios.

> *Muy de mañana me levanto a pedir ayuda;*
> *en tus palabras he puesto mi esperanza* (v. 147).

En las primeras horas de la mañana, el poeta se acerca a su propia humanidad y nosotras podemos hacer lo mismo. No solo deseamos la salvación de Dios de los terrores de la noche, sino que también anhelamos saber que se nos escuchó (Sal. 3). Queremos pruebas tangibles de que hay un oído en la habitación, que escucha mientras buscamos las palabras que perforarán la oscuridad. Queremos la seguridad reconfortante —la paz— que se nos promete cuando presentamos nuestras peticiones, nuestra ansiedad, nuestro enojo y nuestro temor ante Dios. Queremos que se manifieste el intercambio prometido: nuestro temor por Su paz. Queremos conocer «la paz de Dios, que sobrepasa todo entendimiento, [y que] cuidará sus corazones y sus pensamientos en Cristo Jesús» (Fil. 4:7). Queremos saber que no estamos solas en la oscuridad. Queremos la garantía de que el Príncipe de paz —Aquel que renueva la fe y la esperanza, cuya luz disipa la oscuridad de todo lugar, corazón y mente— es verdaderamente Emanuel, Dios con nosotros.

FUERA DEL TIEMPO Y CON NOSOTRAS ALLÍ

En toda la noche no pego los ojos,
para meditar en tu promesa.
Conforme a tu gran amor, escucha mi voz...

(vv. 148-149).

El poeta no ha descuidado a Dios durante el día; ejerce lo que Matthew Henry llama «las sirvientas de su devoción: la esperanza y la meditación en la Palabra de Dios». El poeta ya ha dedicado horas a su devoción; sin embargo, la duda llama a su puerta. Cuán humano es nuestro poeta, al recordarnos que Dios está tan a nuestra disposición durante la noche como durante el día. No lo limita el reloj, sino que está fuera del tiempo y con nosotras allí, disponible en cualquier momento.

El poeta de Dios es fiel en oración y en la Palabra. La obediencia en la oración no es nada nuevo para él. Lo que lo lleva a redoblar la apuesta y tomar sus armas bien formadas es la nueva arremetida de la duda. Conoce la oración, y aún así, espera respuestas a las cosas más profundas que le pesan en el alma. Y sigue acostado en las vigilias de la noche, con sus dudas y temores saltando a su alrededor como grillos que cantan a la distancia. Entonces, toma sus armas elegidas y de confianza —la seguridad de la Palabra y la meditación en ella— y, aunque está cansado de la batalla, vuelve a clamar con esperanza a Aquel que tiene poder y fuerza ilimitados para luchar con puños de furia infatigables, iluminando el cielo nocturno y haciendo huir a la oscuridad.

> *... conforme a tus juicios, SEÑOR, dame vida.*
> *Ya se acercan mis crueles perseguidores,*
> *pero andan muy lejos de tu ley* (vv. 149-150).

¿Qué ha llevado al poeta de Dios a esta oscura cueva del alma, llena de incertidumbre y de los ruidos y aleteos extraños del corazón? Para algunas de nosotras, nuestros perseguidores pueden ser (como en el caso del poeta) enemigos literales que persiguen. Para otros, tal vez aparezcan como sombras y pensamientos que persiguen en la mente, los pensamientos acelerados de interminables posibilidades, los cuales inundan cada rincón de dudas. En ambos casos, son impulsados por el enemigo eterno de Dios, que detestó tanto la paz del Edén que destrozó su *shalom*, su paz dada por Dios, dejando tan solo fragmentos serrados para los que vinieran después.

Por cierto, la humanidad tiene una larga historia de noches sin dormir y llenas de dudas, ansiedad y reproches. Sin embargo, la obra terminada de Cristo ha restaurado nuestros fragmentos de paz y ha corregido la injusticia cósmica de Satanás contra el pueblo de Dios. Nuestro poeta que se levanta temprano a orar nos recuerda al Salvador, que derramó Su corazón en el huerto de Getsemaní y decidió una resolución, no solo en el espacio literal entre *éreb* y *boquer*, sino en el espacio cósmico entre Su humanidad y Su divinidad:

> *Padre mío, si es posible, no me hagas beber este trago*
> *amargo. Pero no sea lo que yo quiero,*
> *sino lo que quieres tú* (Mat. 26:39).

Éreb y después *boquer*. Termina el día de juicio y dolor para la humanidad y amanece un nuevo día de esperanza y paz. Jesús sabe lo que es orar en la oscuridad y en medio de la oración con Su Padre para encontrar la fortaleza para seguir adelante, experimentar la paz que sobrepasa todo entendimiento en medio de las tormentas del día.

Crucifixión antes que resurrección.

Viernes antes que domingo.

UNIDOS, ENCONTRAMOS LA FUERZA

> *Tú, SEÑOR, también estás cerca,*
> *y todos tus mandamientos son verdad.*
> *Desde hace mucho conozco tus estatutos,*
> *los cuales estableciste para siempre* (vv. 151-152).

El poeta pasa a concentrarse en la presencia de Dios, la cual está envuelta en amor, marcada por una perfecta justicia, misericordia y paz en un mundo roto… todo parte de Su presencia en el cielo y la tierra. Más cerca que la presencia de los impíos está la presencia del Señor.

Tal vez leas esto mientras estás despierta en medio de tu propio lamento frenético. Permite que el poeta de Dios te recuerde que Yahvéh está cerca y que todas Sus promesas son verdad, establecidas desde antes de aquel primer «en el principio» (Gén. 1:1). Ten en cuenta que en este momento, probablemente no eres la única a la que la mantienen despierta las largas sombras sobre la pared, o que se encuentra ensordecida por sus propios pensamientos en el silencio de la noche. Creo que hay otros santos en el mundo que también están desvelados en tu hora de lamento. Entonces, unamos nuestras voces en estas primeras horas del día, en un coro terrenal de lamentos nocturnos, en medio de las distintas circunstancias y en diferentes idiomas, y clamemos: «Sálvame». Unidos encontramos la fuerza para tomar la Palabra de Dios y dejar nuestras dudas, temores, enemigos, pecados y ansiedades ante Su trono.

En estas primeras horas del día, a medida que la paz divina va cerrando nuestros párpados, descansamos al saber que Aquel que nos cuida nunca duerme:

> *No permitirá que tu pie resbale;*
> *jamás duerme el que te cuida.*
> *Jamás duerme ni se adormece*
> *el que cuida de Israel* (Sal. 121:3-4).

Nos damos cuenta de que nunca estuvimos solas, mientras pasaban los minutos. Él jamás nos ha dejado o abandonado, ni siquiera cuando las sombras de la noche empezaron a danzar y crecer a nuestro alrededor. Fiel a Su Palabra, nuestro Dios (Padre, Hijo y Espíritu Santo) nos canta una canción de cuna silenciosa, una que solo puede escucharse en el cielo y en lo profundo de nuestra alma. El Centinela del universo nos arrulla para que durmamos en una perfecta armonía tripartita (Sof. 3:17).

Nos acuna y nos consuela con una canción de cuna divina que seca toda lágrima temerosa de la noche que de lo contrario habría relucido ante el sol de la mañana.

Duerme, amada. Descansa.

Y renueva tu esperanza.

26. LA MISERICORDIA
DE LA PALABRA

BLAIR LINNE

Las aflicciones son un medio de gracia para soltar nuestras manos del mundo. Estos últimos años me han enseñado a confiar en el Señor de maneras en que no habría confiado si no hubiera sido afligida.

Hace unos años nos mudamos a Filadelfia. La mayor parte de lo que sabía de mi nuevo hogar lo había aprendido de la canción de la serie televisiva *The Fresh Prince of Bel-Air* [El príncipe del rap]. Sin embargo, no nos mudaríamos al oeste de Filadelfia, y yo pasaría la mayor parte de mis días en casa y solo algunos en un parque de juegos. Teníamos tres hijos de menos de tres años de edad. Todavía me estaba recuperando del parto, ya que di a luz tan solo un mes antes de mudarnos.

Dos semanas después de mudarnos a nuestra casa alquilada, experimenté una tormenta distinta cuando llegaron las lluvias de la prueba, literalmente... observamos cómo caía agua a través del tomacorriente de la sala de estar. Poco después, se nos inundó el sótano. Nos dimos cuenta de que estábamos alquilando una casa hermosa pero rota. La lluvia siguió, meta-fóricamente. Cinco meses más tarde, iba conduciendo durante la noche en un viaje familiar y choqué contra un ciervo. Las lluvias persistieron; empecé a experimentar una intensa ansie-dad detrás del volante y, por primera vez en mi vida, tuve ata-ques de pánico. Hubo médicos, visitas a la sala de emergencias, cuentas inmensas por pagar, resultados negativos de exámenes médicos y el interrogante amenazador de qué le sucedía a mi cuerpo. Cuando menguaron los ataques de pánico, me azotó la fatiga, dolores de cabeza, palpitaciones y mareos que me dejaban postrada en cama durante semanas. Cuando el médico descubrió un nódulo en la tiroides, las lluvias aumentaron. Como sospechó de un cáncer, pidió una biopsia.

Tal vez también te estén lloviendo pruebas. Quizás el sufri-miento físico te recuerde la debilidad de tu cuerpo. Tal vez pelees contra una nube oscura de depresión o hagas duelo por sueños perdidos o la muerte de otra víctima de prácticas poli-ciales injustas. Aun si la única batalla en la que te encuentras hoy es la que peleas contra el pecado en tu propio corazón, el sufrimiento es una parte de lo que significa vivir una vida redimida en un mundo caído. La pregunta no es si sufriremos, sino cuándo y cómo.

CAMBIA

En esta estrofa, el salmista una vez más transita su propia aflicción y nos muestra adónde debemos dirigir nuestra aten-ción. Declara: «Considera mi aflicción, y líbrame, pues no me he olvidado de tu ley» (Sal. 119:153). Sabe que los ojos del

Señor están sobre los justos y que Sus oídos oirán su clamor. El Señor es un Dios que libra. ¿Adónde acude el salmista para encontrar a este Dios que salva? Acude a la Palabra de Dios. ¿Con qué rapidez (o lentitud) clamamos a Dios y nos aferramos a Su Palabra cuando sufrimos?

Ahora, si nuestra liberación es condicional y tan solo el resultado de nuestro tiempo de oración o lectura de la Biblia, estamos en problemas. A menudo, no oramos lo suficiente y somos fácilmente tentadas a olvidar lo que dice la Escritura. La buena noticia es que nuestra esperanza no está en nuestra habilidad de recordar a la perfección la Palabra de Dios o de orar perfectamente, sino en estar unidas a Aquel que hizo ambas cosas… no el salmista sino nuestro Salvador. En Jesucristo, vemos la única persona cuyos labios y corazón siempre reflejaron la verdad de este pasaje. Vemos esto en Su vida. Cuando el diablo lo tentó, Él contrarrestó las mentiras con verdad escritural. También lo vemos en Su amor de pacto, demostrado cuando murió en la cruz mientras sabía que aquellos por los cuales moría (pecadores como nosotras) serían propensos a olvidar Su ley. Ahora, vestidas de Su justicia, podemos apropiarnos de la declaración del versículo 153.

Dios ha prometido darle vida a Su pueblo mediante Cristo. Así que clamamos a Él junto con el salmista: «Defiende mi causa, rescátame; dame vida conforme a tu promesa» (v. 154). La palabra «defiende» aquí parece tener un sentido legal. Entonces, el salmista está diciendo: *Sé mi abogado*. Nuestra confianza descansa en que Jesús no ha perdido ni un solo caso y jamás lo hará. Nos redime al librarnos de la esclavitud, mediante el precioso pago de Su propia sangre. Dios Hijo es el único calificado para defendernos ante Dios Padre y nos da vida mediante Dios el Espíritu Santo.

¿Hay alguien que esté dando falso testimonio contra ti? ¿El enemigo te acusa? Cuando le pedimos a Jesús que nos defienda, Él lo hace con Su voz divina y nos redime con Su sangre santa. Nuestra salvación está grabada en piedra, y esa piedra es la Roca sólida en la cual nos paramos. Su voz defensora silencia a todas las demás.

PIDE

La frase «dame vida» se repite tres veces en este pasaje: «Dame vida conforme a tu promesa […] a tus juicios […] a tu gran amor» (vv. 154,156,159). Solo aquellos que han experimentado una vida abundante por el Espíritu desean más. Cristo ya nos dio vida nueva cuando fuimos regeneradas; sin embargo, está dispuesto a darnos un espíritu renovado a medida que nos acercamos a Él y le pedimos parecernos más a Cristo.

Si te encuentras en una época de sequía o desánimo, acude a la Palabra de Dios y recibe la vida que Él está dispuesto a dar. En tu momento de tentación, el enemigo intenta robarte la vida. Quiere reemplazar la vida que Dios te regaló con una falsificación. Resístelo. Acércate a Cristo. Decide que jamás dejarás de pedir, hasta que Cristo responda tu pedido de un avivamiento (Sant. 4:6-10). Cuando entres en épocas en las que estés afligida en todo sentido, recuerda que, sin importar lo que diga el tentador, no estás abatida, desesperada, abandonada ni destruida (2 Cor. 4:8-9). Tener a Cristo es tener vida eterna.

El salmista continúa: «La salvación está lejos de los impíos, porque ellos no buscan tus decretos» (Sal. 119:155). El estado del incrédulo es nefasto porque no conoce la vida de Dios. Está espiritualmente muerto. Por eso, el incrédulo no acepta las cosas de Dios, porque le resultan una locura. A los incrédulos no les interesa Dios, Su verdad ni Sus hijos y a menudo los desprecian. Cuando alguien es un enemigo de Dios, no tiene beneficios para disfrutar ni promesas a las que aferrarse. No hay ayuda ni esperanza de que las pruebas que enfrentan en esta vida obren para su bien ni de que haya un futuro más allá. Todo lo que hacen los impíos, bueno o malo, tristemente tendrá el mismo resultado: el juicio eterno, porque rechazan con obstinación la Palabra de Dios (Sal. 92:7).

Lo opuesto a los impíos no son aquellos que son justos en sí mismos, sino los que son justos porque han recibido misericordia. Por lo cual, el salmista dice: «Grande es, SEÑOR, tu compasión; dame vida conforme a tus juicios» (Sal. 119:156). Como creyentes, sabemos que merecemos ser desechados junto con los impíos. La única razón por la que no lo somos es la gran misericordia del Señor. Éramos pecadoras, y el Señor abrió nuestro corazón para que recibiéramos la buena noticia. Cristo vació la copa de ira que nos habría llevado toda la eternidad beber. Ahora, se nos permite sentarnos, por fe, a la mesa de Su misericordia y cenar eternamente en el banquete glorioso del Señor.

DECIDE

Jesús mismo nos advirtió que, como «ustedes no son del mundo, [...] el mundo los aborrece» (Juan 15:19). Siglos atrás, el salmista experimentó esta verdad: «Muchos son mis adversarios y mis perseguidores, pero yo no me aparto de tus estatutos» (Sal. 119:157). Aferrarse a la Palabra de Dios lo ha preparado —y puede prepararnos también— para esta clase de pruebas. Podemos regocijarnos porque sabemos cuál es el resultado. Decide no desviarte de la fe en Dios y la obediencia a Él cuando te persigan, con la seguridad de que, aun si el mundo arruina tu reputación, no puede quitarte tu redención.

Cuanto más valoremos la misericordia de Dios, más nos dolerá que otros pisoteen Su Palabra. Miraremos a los «renegados y [nos darán] náuseas, porque no cumplen tus palabras» (v. 158). En general, hacemos énfasis en lamentar nuestros propios pecados, y está bien porque somos muy propensas a la pretensión de superioridad moral. Pero la verdad es que deberíamos lamentar todo el pecado porque todo se comete en contra de nuestro Señor. Al salmista lo entristece el pecado. Detesta que haya gente entregada al pecado en vez de confiar en Dios y obedecer Su Palabra. Este aborrecimiento del pecado no se debe al legalismo sino al amor. Ama tanto a Dios que le dan náuseas aquellos que no reconocen al Señor ni Sus mandamientos.

Él está decidido a ser diferente: «Mira, Señor, cuánto amo tus preceptos; conforme a tu gran amor, dame vida» (v. 159). ¿Amas la Palabra de Dios? No pregunto si no perdiste ni un «tiempo devocional» o si te salteaste un día en tu plan de lectura bíblica. Pero ¿te deleitas en la Palabra de Dios? El amor por la Palabra de Dios es una misericordia de Dios, y en medio de las pruebas, amarlo es una señal de que le perteneces. Observa que el salmista no dice: *Mira cuánto amo tu Palabra; por eso, revíveme.* No. Lo que dice es: *Dios mío, amo tus preceptos porque me has dado el deseo de amarlos; entonces, necesito que revivas mi espíritu de acuerdo a tu amor inagotable.* El salmista es el que recibe. Su única tarea es pedir. No podemos atribuirnos el mérito de la obra sobrenatural de Dios. Humildemente, le pedimos a Dios que haga en nosotras lo que no podemos obrar por nuestra cuenta. Y cuando lo hace, ¡pedimos más! ¡Y después más!

Antes, en el versículo 154, el salmista pidió «vida conforme a tu promesa»; aquí, en el versículo 159, pide vida «conforme a tu gran amor». Las promesas de Dios son una demostración de Su amor. A menudo, cuando sufrimos, nos vemos tentadas a dudar de la Palabra o del amor de Dios. Cuando el salmista sufre, recuerda ambos. Siempre que sintamos que nuestros sentimientos menguan, que nuestro corazón está consternado o que nuestras cargas son demasiado pesadas, podemos clamar a Dios y pedirle que nos dé lo que más necesitamos: un espíritu y un semblante revividos por las promesas de Dios, para que podamos ser transformadas de gloria en gloria (2 Cor. 3:18).

MEDITA

El salmista termina esta sección meditando en la Palabra de Dios: «La suma de tus palabras es la verdad; tus rectos juicios permanecen para siempre» (Sal. 119:160). La Palabra de Dios es verdadera de principio a fin. Sus promesas y mandamientos son inmutables y eternos. Son una fuente perdurable que los sedientos pueden disfrutar continuamente. La misericordia de Dios no vacila ni se acaba. Si ya se encargó de nuestra mayor necesidad de salvación, ¿no puede acaso lidiar con nuestras necesidades o aflicciones más pequeñas? ¿Estás sufriendo? ¿Estás cargada? ¿Atribulada? ¿Desanimada? ¿Perseguida? ¿Te sientes sin esperanza? Recuerda que hay misericordia en la Palabra.

Así que, sí, estos últimos años se caracterizaron por aflicciones... pero en medio de todo, el Señor me mostró Su abundante misericordia. No todos mis síntomas se terminaron, y mi sótano sigue inundado mientras escribo. Hubo noches en las que me sentí paralizada con ansiedad, con el corazón que me latía a toda velocidad y la mente que se disparaba sin control. Sin embargo, por gracia divina, la Palabra de Dios está aquí para calmar mis temores y volver a revivirme. Por la gracia de Dios, he podido agradecer al Señor por estas pruebas porque sé que mi Padre amoroso las eligió especialmente para mí.

A través de la aflicción, Dios responde nuestras oraciones de parecernos más a Cristo. A veces, he experimentado tal embotamiento mental que me ha costado leer porciones grandes de la Escritura. En esos momentos, el Señor me recuerda que reflexione en un versículo o que memorice una sección breve de un salmo como este y así pueda regocijarme. Me regocijo porque en la Palabra de Dios encuentro mi vida. Al igual que el salmista, sin mi aflicción, no comprendería la misericordia de la Palabra al punto en que puedo hacerlo ahora. En nuestros días más oscuros de aflicción, nuestro Señor está esperando para refrescarnos el alma con Sus abundantes misericordias.

27. CÓMO VIVIR CUANDO LA JUSTICIA ES PARCIAL

KORI PORTER

[¿ACASO NO SOY UN HOMBRE Y UN HERMANO?]

La famosa frase del movimiento por los derechos civiles, *I Am a Man* [Soy un hombre] fue acuñada en Gran Bretaña a fines del siglo XVIII y originalmente decía: «¿Acaso no soy un hombre y un hermano?». Era una protesta contra el tráfico de esclavos e insistía en que los esclavos africanos eran plenamente humanos y hermanos. Hoy, los protestantes cansados y tal vez frustrados llevan carteles más abreviados que ya no esperan respuesta. En cambio, responden: «¡Soy un hombre!».

Esto sin duda fue cierto en la comunidad de departamentos Canfield Green Apartments en St. Louis, Missouri, donde los miembros de la comunidad levantaron sus voces para afirmar la humanidad de otro «niño negro» acribillado, Michael Brown Jr. El vecino adolescente fue despojado de su dignidad cuando las autoridades dejaron su cuerpo inerte sin cubrir durante cuatro horas en medio de la calle. De manera admirable, su comunidad intentó recuperar el asfalto donde se había derramado la sangre de Mike. Lo adornaron con tarjetas llenas de expresiones de bondad, flores y ositos de peluche, en un intento de restaurar la dignidad más allá de la tumba.

Si soy sincera, los esfuerzos genuinos como estos de intentar una restauración ya no me brindan consuelo. Mi corazón se ha enfriado como para tener esperanza. La esperanza parece amarga e inútil cuando los asesinatos de personas de color desarmadas son tan comunes y al parecer aprobados por muchos departamentos de policía y jueces en Estados Unidos. Los horrores de nuestra época requieren una justicia completa, una justicia que el mundo solo puede dar en parte, pero que el evangelio provee plenamente.

Los líderes del movimiento en pro de los derechos civiles lo sabían. Cuando los reprimían con mangueras, los golpeaban y los atacaban con perros, las promesas de Dios los sostenían. Sin importar hacia dónde se inclinaba el péndulo de la ley (de protectora a perseguidora), ellos confiaban en que la Palabra de Dios era una lámpara para sus pies. Martin Luther King

Jr. expresó bien esta confianza en su discurso de aceptación del Premio Nobel de la Paz en 1964:

> *Rehúso aceptar la visión de que la humanidad está tan trágicamente atada a la noche oscura del racismo y la guerra que el brillante amanecer de la paz y la hermandad nunca puedan volverse realidad [...]. Sigo creyendo que, un día, la humanidad se inclinará ante el altar de Dios y será coronada triunfante sobre la guerra y el derramamiento de sangre, y la voluntad redentora y pacífica será proclamada la norma de la tierra. Y el león y el cordero reposarán juntos, y todo hombre se sentará bajo su propia viña e higuera y nadie tendrá miedo. Sigo creyendo que venceremos.*

A pesar de diversas pruebas y tribulaciones que aterrorizaban a la comunidad negra, la esperanza de King no se enfrió; tal vez porque su esperanza no dependía del fracaso o el éxito inmediato de sus protestas y sus marchas. Su esperanza tampoco se veía sacudida por una reforma inadecuada de políticas por parte del hombre o la «buena conciencia» reticente de sus vecinos cristianos blancos. En cambio, la esperanza de King permaneció firme porque confiaba de todo corazón en las promesas de la Escritura: promesas que garantizan que, un día, la justicia reinará por completo, y Dios restaurará la unidad y la paz a todas las personas.

Entonces, ¿cómo es posible que vivamos una vida piadosa y llena de esperanza en medio de este mundo roto de hoy? En el

Salmo 119:161-168, descubrimos que Dios es fiel al proveer respuestas a esta pregunta en las páginas de Su Palabra.

«GENTE PODEROSA ME PERSIGUE SIN MOTIVO, PERO MI CORAZÓN SE ASOMBRA ANTE TU PALABRA» (V. 161)

Dicho de manera sencilla, nuestro Dios siempre tiene el control. Nunca hubo un príncipe, un faraón o un presidente que haya tenido autoridad sin el permiso de nuestro Creador soberano. Desde la creación de este mundo, siempre ha sido la voluntad de Dios la cual ha permitido que los gobernantes, buenos o malos, reinen. Dios tiene en cuenta el corazón y la voluntad de cada uno para Su gloria y para el bien supremo de Su pueblo. Es verdaderamente misericordioso y nunca ha sido indiferente al clamor de los oprimidos; en cambio, desprecia a los que practican la injusticia y no se arrepienten, y promete que un día revelará Su ira plena contra cada uno de ellos.

Como creyentes hoy, nos enfrentamos a un mundo cada vez más hostil a la verdad del evangelio. Nos echan a patadas de distintos países, nos amenazan, nos llevan ante un tribunal y a menudo nos marginan por creer en Cristo. Sin embargo, la persecución de los cristianos por parte del mundo no debería ser ninguna sorpresa, porque es una parte prometida de nuestra identidad. Como pueblo de Dios, tenemos la bendición de cobrar ánimo y recordar los sufrimientos de nuestro Salvador, Cristo, a quien también persiguieron injustamente. Como Sus seguidoras, también debemos pararnos firmes en nuestras convicciones bíblicas y proclamar con amor a todo el mundo las verdades de la Escritura, sin importar cuál sea el costo.

«YO ME REGOCIJO EN TU PROMESA COMO QUIEN HALLA UN GRAN BOTÍN» (V. 162)

A continuación, el salmista compara su regocijo en la Palabra con un guerrero que se goza con el botín de su enemigo vencido. La ilustración deriva esta imagen de nuestra realidad espiritual. Nosotras también estamos en una batalla. Nuestro enemigo es Satanás. Es astuto y usa distintas conspiraciones y estrategias para engañarnos. Nos ataca susurrándonos mentiras diseñadas para robarnos el gozo, matar nuestra esperanza y destruir nuestra comunión con Dios. Tal como hizo en el jardín con Adán y Eva, Satanás suele empezar su ataque al preguntar simplemente: «¿Es verdad que Dios les dijo...?» (Gén. 3:1). Planta una semillita de engaño y espera que crezca como una maleza salvaje y ahogue nuestra confianza en las palabras de Dios. Su táctica es tan antigua como la historia de la caída, pero hace tropezar a muchos y, trágicamente, desvía a algunos de una devoción sincera y pura a Cristo. Sin embargo, tal como muestra el salmista, no tenemos por qué ser víctimas de sus tentaciones. Como no ignoramos sus maquinaciones, podemos defendernos al someternos a Dios y usar Su Palabra atesorada como espada para hacer huir al enemigo.

«ABORREZCO Y REPUDIO LA FALSEDAD, PERO AMO TU LEY» (V. 163)

El Señor expresa Su bondad al darnos la habilidad de distinguir entre la sabiduría terrenal, la cual conduce a la muerte, y la sabiduría de Dios, que conduce a la vida. A medida que pasamos tiempo en la Palabra, empezamos a aprender a distinguir la voz de Dios. El Espíritu nos revela lo que a Dios le interesa, Sus verdades, Sus dolores y Sus alegrías. Meditar en la ley —recordarla, considerarla con cuidado, reflexionar en ella y evocarla— debería crear una intimidad tan profunda con nuestro Padre que nuestro corazón desborde de afecto por Sus decretos. Si estamos tan cautivadas por la ley de Dios, detestaremos y aborreceremos la falsedad. La falsedad del mundo intenta engañarnos para que creamos que sus caminos son mejores que los de Dios.

Con esto en mente, en el versículo 163, el salmista declara que la falsedad del mundo no lo mueve; en cambio, detesta toda mentira ¡por ser contraria a la verdad! De manera similar, nuestro desprecio por la mentira no debería originarse por una pretensión de superioridad moral, sino por el estándar de santidad que se nos brinda en la ley. Este estándar no se puede mover, disminuir ni alterar como las máximas siempre cambiantes de este mundo ¡porque refleja a nuestro Dios santo e inmutable!

«SIETE VECES AL DÍA TE ALABO POR TUS RECTOS JUICIOS» (V. 164)

Aunque por naturaleza Dios es infinito, en Su misericordia, decidió darse a conocer en las páginas finitas de la Escritura.

Dios mostró Su gloria no solo mediante nubes, humo y fuego —todas cosas que se desvanecieron—, sino también al extender Su mano desde el trono celestial y proporcionar leyes eternas, escritas en tablas de piedra, para que los humanos las atesoraran y meditaran en ellas toda su vida (Ex. 34). Cuando el salmista mira estas reglas justas, su corazón irrumpe en alabanza. Su alabanza no es efímera, sino que brilla con constancia a lo largo de su día. Sus alabanzas no se ven apagadas por la preocupación, la duda o el temor al hombre, sino que él exclama con audacia sus alabanzas al Señor. Su asombro por la Palabra (Sal. 119:161), su regocijo en la Palabra (v. 162) y su amor por la ley de Dios (v. 163) son lo que lo llevan a desbordar de alabanza: «siete veces al día te alabo». Las alabanzas del salmista son inspiradoras porque nos muestran cómo el corazón de un creyente responde cuando está saturado de la Palabra de Dios. Una alabanza tal no se limita a un domingo por la mañana ni desea establecer sus propias reglas. En cambio, una persona con un corazón agradecido valora y celebra el regalo de la Escritura, y está ansioso por que transforme su vida diaria.

«LOS QUE AMAN TU LEY DISFRUTAN DE GRAN BIENESTAR, Y NADA LOS HACE TROPEZAR» (V. 165)

Vivimos en un mundo caído y roto, lo cual se nos suele revelar a través de circunstancias de la vida sobre las cuales no tenemos ningún control. Nuestra condición humana no es invencible. Somos frágiles y vulnerables a distintos males; desde enfermedades físicas que aterrorizan y asolan nuestros cuerpos hasta cuestiones de salud mental, como depresión y ansiedad, que nos paralizan con temor. A medida que entendemos la realidad frustrante de nuestras limitaciones humanas, puede ser algo aleccionador y a menudo aterrador. Quedamos libradas a preguntarnos, en medio de este mundo incierto: «¿Mi esperanza descansa en una "paz" que el mundo ofrece o en la paz que Dios ofrece?».

Si hemos puesto nuestra confianza en la idea falsa de paz que el mundo nos ofrece, entonces tenemos razón para preocuparnos. Aunque, por supuesto, no tiene nada de malo disfrutar de los buenos regalos, el problema surge cuando el mundo intenta convencernos de que pongamos nuestra esperanza suprema en ellos, en lugar de en el Dios que los provee. Si estos regalos se ven amenazados o se pierden y nuestra esperanza está puesta en ellos, tropezaremos. Entonces, caminemos bien amando a Dios y no sustituyamos jamás la paz imperfecta de este mundo, que tan solo puede darnos un consuelo momentáneo, por la paz eterna que recibiremos cuando pongamos nuestra confianza y esperanza en Dios.

«YO, SEÑOR, ESPERO TU SALVACIÓN Y PRACTICO TUS MANDAMIENTOS» (V. 166)

Las personas meramente morales no heredan el reino de Dios. Aquellos que hacen el bien según estándares humanos, ya sea en un esfuerzo por ganarse la entrada al cielo o sencillamente para aplacar su propia conciencia en esta vida, terminan siendo un dios para ellos mismos. En cambio, los que se deleitan en los mandamientos de la Escritura y los llevan a cabo verán la esperanza de su salvación cara a cara.

Cuando consideramos nuestra salvación y la venida de nuestro Salvador, el pueblo de Dios se regocija y cumple con empeño los mandamientos del Señor. Sin embargo, aun si tenemos un corazón que desea responder fielmente al Señor, igual tenemos que examinarnos. El orgullo y el legalismo pueden meterse de manera instintiva, y terminamos llevando la cuenta de nuestras alabanzas a Dios y ya no podemos vivir en una intimidad llena de gracia con Él. En cambio, hacemos un gran esfuerzo en lo que parece una comunión amarga que produce vergüenza y desilusión.

Entonces, ¿cómo podemos saber que nuestra devoción trae deleite al Señor y no solo a nuestra carne? Hermanas, cobren ánimo: siempre podemos confiar en Su deleite en nosotras cuando descansamos en la obra salvífica de Cristo en la cruz.

«CON TODO MI SER CUMPLO TUS ESTATUTOS. ¡CUÁNTO LOS AMO!» (V. 167)

Ciertamente, contemplar la Palabra es como encontrar un gran tesoro en medio de una tierra desierta. El salmista se regocija al descubrir la Palabra con gran adoración. Su postura no es la de una persona adinerada, sino la de un hombre pobre que trabaja sin descanso para encontrar una moneda de oro en la pila de basura. El salmista no descarta fácilmente los testimonios del Señor, sino que los valora profundamente en su alma. Sabe que cada uno es precioso y de inestimable valor. No puede acudir a ninguna otra parte para experimentar un afecto tan profundo. Tristemente, la búsqueda de esta clase de amor suele estar mal dirigida en nuestra generación. Las obsesiones con los medios sociales, los maratones de Netflix y las locuras de la cultura pop suelen ser una especie de oro de tontos, al distraernos de ver que el amor verdadero y perdurable nos espera en la Palabra. Solo allí experimentamos la profundidad de amor a la que se refiere el salmista aquí.

«OBEDEZCO TUS PRECEPTOS Y TUS ESTATUTOS, PORQUE CONOCES TODOS MIS CAMINOS» (V. 168)

El salmista sabe que vive fundamentalmente para agradar a una audiencia de uno. Nosotras también debemos apuntar a agradar a Dios al cumplir Sus leyes y saber que caminamos siempre delante de Su mirada. Él ve todas las cosas y se interesa en todas. Es profundamente aleccionador considerar que el Señor ve todo nuestro pecado porque nos recuerda todo lo que perdonó nuestro Señor al decidir morir. A su vez, es profundamente alentador saber que ve cada uno de nuestros actos de amor y obediencia, incluso los que pasan inadvertidos o los que se reciben con ingratitud.

La realidad de que Dios ve todas las cosas, conoce todas las cosas y tiene el control de todo es de gran consuelo cuando vemos injusticia, porque sin importar lo que pueda decir o hacer algún gobernante, la ley y la justicia de Dios reinarán en absoluta plenitud un día. Sus preceptos —amar y valorar a nuestro prójimo, y ver a todos los hombres como creados iguales a Su imagen— serán nuestra realidad gloriosa.

Mientras avanzamos hacia aquel día, sufrimos en un mundo donde la justicia es parcial (en el mejor de los casos) y la restauración plena suele no ser más que un sueño, este es nuestro llamado: cumpliremos Sus preceptos y caminaremos por fe.

28. UNA ÚLTIMA EXHORTACIÓN

QUINA ARAGON

¿Cómo se transformó uno de los padres fundadores olvidados de Estados Unidos de América en la estrella de la sensación musical de hip-hop en Broadway en 2015? Respuesta: gracias a la mente brillante del portorriqueño-estadounidense Lin Manuel-Miranda, quien escribió toda la música, letra y el libro que acompaña el musical «Hamilton: Un musical estadounidense».

El musical desarrolla magistralmente motivos o temas líricos. Mi favorito es la inclusión de los inmigrantes. Desde el primer acto que aclama a Hamilton como «otro inmigrante que se levantó desde el fondo» hasta la declaración triunfante de Hamilton y Lafayette: «Los inmigrantes, nosotros cumplimos con la tarea», en toda la obra se muestran las incontables contribuciones de inmigrantes a menudo desestimados y sumamente marginados. Mi esposo y yo somos hijos de inmigrantes, así que este tema es una bocanada de aire fresco en medio del clima tóxico de las conversaciones actuales que rodean la inmigración.

Pero por más revitalizante que sea Hamilton, el Salmo 119 contiene una genialidad y un arte vivificador que ningún dramaturgo podría acercarse siquiera a crear. Si este salmo fuera un musical, sus 22 estrofas serían como canciones que permiten vislumbrar las profundidades del corazón del salmista a través de las idas y venidas de su vida. Hay un tema principal que permea cada escena del Salmo 119: La Palabra de Dios revela la gloria de Dios.

Entonces, ¿qué esperarías encontrar al final de este, el más largo de los salmos, dedicado a la maravilla de la Palabra de Dios? ¿Un grito victorioso? ¿El juicio a los malvados? ¿Un resumen de la Escritura? No. Por más sorprendente que parezca, el Salmo 119 termina con un tono de desesperación y dependencia. Los versículos 169-176 nos muestran que la Palabra de Dios nos humilla (vv. 169-170) y nos levanta (vv. 171-172), nos trae convicción (vv. 173-174) y nos restaura (vv. 175-176). En esta última estrofa, vemos a un hombre que no confía en nada ni en nadie más que en su Dios absolutamente suficiente. Vemos a un Dios relacional que se acerca a los humildes, como un pastor a sus amadas ovejas.

LA PALABRA DE DIOS ILUMINA

El salmista empieza su última súplica con una petición ferviente: «Que llegue mi clamor a tu presencia» (v. 169). ¿Qué puede presentar como ofrenda a este Dios santo más que su necesidad desesperada? Incluso sus oraciones necesitan oración, así que clama para que Dios escuche su clamor. Al escuchar nuestras oraciones, nuestro Dios omnisciente no recibe información de algo que no sepa. Pero, al escucharlas, nuestro Dios misericordioso y todopoderoso se ve movido a actuar a nuestro favor para Su gloria.

El salmista clama: «Señor», e invoca el nombre de pacto de Dios —«Yo soy el que soy»—, el cual señala a la naturaleza absolutamente suficiente, eterna y relacional de Dios (Ex. 3:13-15). Motivado por el carácter de Dios que se revela a sí mismo, el salmista pide humildemente entendimiento. Pero no cualquier clase de entendimiento. Quiere el conocimiento íntimo, experimental y transformador de Dios que solo puede venir de un encuentro con Dios. Al igual que Moisés, el salmista ora, en esencia: «Déjame verte en todo tu esplendor» (Ex. 33:18) y acude al lugar correcto para verlo: la Palabra de Dios.

LA PALABRA LIBERADORA DE DIOS

En el Salmo 119:170, el salmista utiliza un paralelismo hermoso, vuelve a clamar y pide que lo escuchen. De manera similar al ciego Bartimeo, que rogaba con persistencia que Jesús lo sanara (Mar. 10:46-52), la repetición aquí revela desesperación. Con audacia, el salmista pide liberación.

¿De qué nos libra el Señor? De cualquier cosa que pueda amenazar nuestra fe en Dios, incluidas la angustia (v. 28), las distracciones vacías (v. 37) y la aflicción (v. 50). En última instancia, Dios nos libra de nuestro mayor enemigo: nuestro pecado (Mat. 6:12-13). La Palabra de Dios revela los secretos de nuestro corazón (Heb. 4:12), las heridas que nos esforzamos tanto por esconder (Juan 4:16-18) y los ídolos que creamos y a los cuales nos aferramos (Isa. 44:19-20).

Pero la Palabra de Dios no solo revela nuestra pecaminosidad. También revela nuestra única solución: Jesús, la Palabra de Dios hecha carne. La Palabra de Dios se completa en nuestro Salvador (Heb. 1:1-3). Cuando Él cargó con todos nuestros pecados en la cruz, pagó la deuda infinita que le debíamos a Dios, así que, antes de bajar la cabeza y morir, Él proclamó nuestra liberación: «Todo se ha cumplido» (Juan 19:30). Tres días más tarde, lo probó cuando se levantó de la tumba. A medida que esta palabra sobre la Palabra penetra en lo profundo de nuestra alma, el pecado pierde su atractivo. Hemos encontrado un Salvador mucho más dulce. En la Palabra de Dios, hallamos la fuente de nuestra liberación: el Señor Jesús.

LA PALABRA DE DIOS PRODUCE
UNA ALABANZA QUE DESBORDA

Cuando vislumbras de esta manera lo que hay en el corazón de Dios, ¿puedes hacer otra cosa más que alabarlo? No hay otra respuesta lógica a una liberación tan grande como la de Dios, a un testimonio tan perfecto como Su Palabra. Conocerlo es amarlo. Entonces, la respuesta del salmista es una doxología: «[rebosan sus] labios de alabanza» (Sal. 119:171).

La idea de rebosar de alabanza tal vez quiera evocar la imagen de un arroyo burbujeante o tal vez el salmista se imagina un coro y una congregación que están haciendo llamado y respuesta. De cualquier manera, está claro que un entendimiento adecuado de Dios naturalmente conduce a alabarlo.

Ser enseñado por Dios es ser enseñado por el amor, y el amor recibido debe reciprocarse. Una teología correcta siempre conduce a la doxología.

LA PALABRA DE DIOS MERECE QUE LA CANTEN Y LA PRONUNCIEN

Cuando como el salmón relleno de queso crema y tocino que prepara mi esposo, no puedo evitar felicitarlo. Cuando escucho una banda sonora de Hans Zimmer, no pudo evitar arrugar la cara en un frenesí. Pero cuando leo sobre el Dios que dejó en bancarrota al cielo para pagar el precio de mi rescate, el Dios que aplastó a Su único Hijo para poder adoptarme en Su familia, el Dios que me buscó mientras todavía era una pecadora, el Dios que me promete una gloria eterna que pesa mucho más que todos mis dolores terrenales, ¡ah, mi alma prorrumpe en adoración! Es imposible probar y ver la bondad infinita de Dios y no cantar. Pienso lo mismo que el salmista, el cual, al considerar las palabras y los mandamientos de Dios, no puede evitar cantar sobre ellos (v. 172). Sabía que vale la pena cantar y hablar sobre la Palabra de Dios, debido a su perfección y su belleza. En esta Palabra, tenemos una teología sobre la que vale la pena cantar. En esta Palabra, tenemos un mensaje que vale la pena compartir. Este es el poder detrás de la adoración y la evangelización llenos del Espíritu Santo: empaparse de la Palabra de Dios.

LA PALABRA DE DIOS AYUDA AL HUMILDE

En el versículo 173, el salmista continúa con su ruego apasionado y confía en un atributo maravilloso de Dios: la ayuda; y el Creador diseñó especialmente a la mujer para que lo reflejara (Gén. 2:18). Dios no es tan solo nuestro Señor que nos dice qué hacer. Además, es nuestro ayudador siempre presente, que nos empodera mediante Su Espíritu Santo para obedecer lo que Él dice. Agustín de Hipona, el obispo del norte de África en el siglo v, entendía esto cuando oró: «Señor, manda lo que quieras y concede lo que mandas».

El salmista sabía que no podía hacer nada de valor eterno sin la ayuda de Dios. Jesús declaró: «... separados de mí no pueden ustedes hacer nada» (Juan 15:5). A veces, la prosperidad y el privilegio pueden cegarnos a nuestra necesidad desesperada de la ayuda de Dios. Haríamos bien en aprender de nuestros hermanos inmigrantes, muchos de los cuales arriesgaron sus vidas para pedir asilo en otro país. Su travesía proporciona una imagen de humildad para nosotras. Ellos entendían que tenían una gran necesidad y buscaron ayuda, incluso cuando esto supusiera un gran riesgo. La buena noticia es que Dios nos recibe con mucha más bondad que muchos países (y personas) reciben a los inmigrantes. Dios suple nuestro clamor por ayuda como una madre responde a su bebé que llora al darle leche. Al igual que un Pedro que se hundía, el cual había decidido obedecer el llamado de Jesús de ir hacia Él sobre las aguas, cuando clamamos: «¡Señor, sálvame!», encontramos a un Salvador que extiende de inmediato Su mano (Mat. 14:28-31).

LA PALABRA DE DIOS MUEVE NUESTRAS EMOCIONES

La ortodoxia (la doctrina correcta) no solo lleva a la ortopraxia (una vida correcta), sino también a la ortopatía (emociones correctas). Produce un anhelo de buscar el rostro de Dios y deleitarse en Sus caminos (Sal. 119:174). Si Dios no obra en nosotras, sencillamente no anhelaremos Su salvación y Su ley no será nuestro deleite (Rom. 8:7-8). Pero Dios se especializa en cambiar corazones.

Cuando nos despierta a la verdad, la belleza y la bondad de Su Palabra, descubrimos que aquello que solía entusiasmarnos palidece en comparación con el deleite que descubrimos en la Palabra de Dios. Lo que alguna vez veíamos como opresivo, ahora nos resulta liberador. Tal como lo hace la clase más dulce de intimidad, la Palabra de Dios nos satisface y, de manera paradójica, nos deja queriendo más. En la suprema historia de amor, Dios nos busca y desea que lo busquemos. Si nos falta este anhelo, tan solo tenemos que regresar a Dios en oración y a Su Palabra. Allí, volvemos a encontrar una y otra vez un banquete interminable de la bondad de Dios en la mesa interminable de Su gracia. Un deleite sublime nos espera en el festín de la Palabra de Dios.

LA PALABRA DE DIOS REVELA NUESTRA MAYOR NECESIDAD

Cuando la Palabra de Dios se arraiga en nuestro corazón, nuestros deseos más profundos empiezan a reflejar los de Él. El salmista ora para que su alma viva y alabe a Dios

(Sal. 119:175) porque sabe que la verdadera vida es conocer a Dios (Juan 17:3). Anhela un alma que prospere, no una sin sufrimiento ni luchas, sino una en la cual Dios sea la fuente de su vida, de todo deleite y el objeto de su alabanza. Su gran deseo es alabar a Dios plenamente desde lo más profundo de su ser. Entonces, ora a Dios para que vengan sus «juicios a [ayudarlo]» a hacer esto mismo.

¿Ves la ley de Dios como algo que te condena y te oprime, o como algo que te ayuda? Es demasiado fácil ver los juicios de Dios como carteles luminosos que anuncian: «¡Eres una pecadora!», o percibir la ley de Dios como un sistema opresivo, que restringe tu capacidad de relajarte y disfrutar de la vida. El salmista ve los mandamientos de Dios como ayudadores, los cuales lo fortalecen para adorar en forma genuina a Dios con todo su ser. Tal como Moisés necesitaba que Aarón y Jur sostuvieran sus manos en alto durante la batalla contra Amalec (Ex. 17:8-13), nosotras también necesitamos la ayuda de la Palabra de Dios para instruirnos, corregirnos, reconfortarnos y animarnos en la batalla espiritual que enfrentamos cada día.

LA PALABRA DE DIOS REVELA A NUESTRO GRAN PASTOR

La vida cristiana es una danza de dependencia. El Salmo 119 empieza con la bendición de la obediencia: «Dichosos los que van por caminos perfectos, los que andan conforme a la ley del Señor» (Sal. 119:1). Y termina con la belleza del arrepentimiento: «Cual oveja perdida me he extraviado; ven en busca de tu siervo, porque no he olvidado tus mandamientos»

(v. 176). Tanto en su obediencia como en su arrepentimiento, el salmista se guía por la Palabra de Dios y camina en santidad.

La centralidad de la Escritura en la vida del salmista le garantiza una visión suprema y santa de Dios. En comparación con la majestad de Dios, él es simple. Al lado de las perfecciones del Señor, el salmista es pobre en espíritu. Ante los mandamientos de Dios, se ve comprometido. Sabe que su única esperanza es que Dios mismo lo busque. No pone su confianza en nada ni nadie más que en el Dios que, a lo largo de toda la Escritura, se revela como el pastor fiel de Su pueblo (Sal. 23; Juan 10:1-18).

La Palabra de Dios nos muestra las muchas maneras en que nos hemos alejado de Él. Pero Dios buscó a Sus ovejas extraviadas al enviar a Su Hijo Jesús «a buscar y a salvar lo que se había perdido» (Luc. 19:10). Jesús, el Buen Pastor, dio Su vida por las ovejas extraviadas como nosotras (Juan 10:11). Nuestro gran Pastor sigue estando con nosotras mediante Su Espíritu Santo, el cual nos guía de regreso a casa cuando nos desviamos y nos dirige en casa cuando estamos en aprietos.

UNA OBRA MAESTRA COMPLETA

La gloria de Dios revelada en Su Palabra es el hilo color escarlata del Salmo 119, entretejido por todo el salmo y por cada aspecto de nuestras vidas: nuestra fidelidad y nuestros fracasos, nuestro deleite y nuestra angustia, nuestro amor y nuestro anhelo. Damos un paso atrás de esta obra maestra de la poesía y contemplamos un tapiz con detalles tan exquisitos y precisión artesanal que no cabe duda de que solo el Artista maestro podría haber inspirado una belleza de esta complejidad, y nos vemos obligadas, junto con el salmista, a usar nuestros labios para «que la alabanza fluya» (v. 171, NTV).

> *Oh, Padre, ¡qué maravilloso será ver nuestras propias vidas entretejidas en tu obra maestra de amor redentor al final de los tiempos! Cuando obedezcamos, deléitanos en tu Palabra. Cuando suframos, que podamos aferrarnos a tu Palabra. Cuando nos desviemos, ayúdanos a encontrarte mediante tu Palabra. Transfórmanos en versiones en miniatura del Salmo 119, que manifiesten tu gloria mediante una dependencia humilde en tu Palabra en todo momento. En el nombre de Jesús. Amén.*

29. HOY CANTAMOS

JACKIE HILL PERRY

The psalmist said a blameless body is blessed.

And so is the whole heart that seeks.

That lets God be Lord everywhere.

And in everything.

This guards

And keeps.

Both the young man

And aged saint

Whose heart holds the voice of God.

This voice is delightful

Even though it shook a mountain.

Frightened a people.

Started a world and everything in it.

But this voice and all that it speaks is law and

a lamp.

A light into the places death can't go.

A brightness loud enough to make perfect peace
stay still.

This law and lamp and light come from and bring
us into the presence of the Lord.

The Lord who speaks.

The Lord whose words are good.

Good as in God.

Good as in not us.

Good as in always him.

His law is his steadfast love written down.

The psalmist knew this.

Do we?

We do, sometimes.

Some time soon we will know it forever.

Generations will be born wondering if God's
faithfulness will cease.

If it will become like us.

A people who age and eventually end.

If it will endure beyond them.

If their children will know his name and call him
King.

And if when they find themselves in love with a
monarch of another kind,
If God will still save.
He will.
The psalmist asked for it because he knew God
Could answer.
Before dawn, he rose before the sun could.
Asked God for his hand
And saw mercy be great before he could even let
go.
Before the evildoers could get ahold of his body
and darken the day.
The commands kept him steady.
Still.
It's stunning to be held by God and know that
falling for the upright is never permanent.
That his mercy is great.
A gift.
His Word, a guide.
Would we know to call him by name without it?
Without his word, what word would we use to
praise?
His statutes have taught us how to say hallelujah

the right way.

Our tongues have another's words near them.

With it, we sing of his servant.

His Son.

About his blameless body and the sin it carried.

We sing.

About the Christ who loved and led us into life

We sing.

Until the earth hears the word steadfast and knows

that only God's love can be it

We sing to our forever God.

Today

We sing.

El salmista dijo que un cuerpo intachable tiene
bendición.

Esto también es cierto para todo el corazón que busca.

Que permite que Dios sea Señor en todas partes.

Y en todo.

Esto protege

Y guarda.

Tanto al joven

Como al santo anciano

Cuyo corazón guarda la voz de Dios.

Esta voz es deleitosa

Aunque haya sacudido una montaña.

Asustado a un pueblo.

Creado todo un mundo y lo que hay en él.

Pero esta voz y todo lo que pronuncia es ley y es una lámpara.

Una luz hacia lugares donde la muerte no puede entrar.

Un resplandor lo suficientemente fuerte como para hacer que la perfecta paz permanezca quieta.

Esta ley y lámpara y luz provienen de y nos llevan a la presencia del Señor.

El Señor que habla.

El Señor cuyas palabras son buenas.

Buenas en el sentido de que son de Dios.

Buenas en el sentido de que no son nuestras.

Buenas en el sentido de que siempre son Suyas.

Su ley es Su gran amor por escrito.

El salmista lo sabía.

¿Y nosotras?

A veces, también lo sabemos.

En algún momento, pronto, lo sabremos para siempre.

Generaciones nacerán y se preguntarán si la fidelidad de Dios se acabará.

Si se transformará en algo como nosotros.

Personas que envejecen y que, con el tiempo, terminan.

Se preguntan si permanecerá más allá de ellos.

Si sus hijos conocerán Su nombre y lo llamarán Rey.

Y si, cuando se encuentren enamorados de alguna otra clase de monarca,

Dios seguirá salvando.

Lo hará.

El salmista lo preguntó porque sabía que Dios

Podía responderle.

Antes del amanecer, se levantaba y le ganaba al sol.

Pedía la mano de Dios

Y fue testigo de una gran misericordia incluso antes de partir.

Antes de que los impíos pudieran adueñarse de su cuerpo y oscurecer sus días.

Los mandamientos lo mantuvieron firme.

Tranquilo.

Es impresionante que Dios te sostenga y saber que la caída nunca es permanente para el justo.

Que Su misericordia es grande.

Un regalo.

Su Palabra, una guía.

¿Acaso sabríamos invocar Su nombre si no la tuviéramos?

Sin Su Palabra, ¿qué palabra usaríamos para alabar?

Sus estatutos nos han enseñado cómo decir aleluya correctamente.

Nuestra lengua tiene las palabras de otro a la mano.

Con ellas, cantamos sobre Su siervo.

Su Hijo.

Sobre Su cuerpo intachable y el pecado que llevó.

Cantamos.

Sobre el Cristo que nos amó y nos condujo a la vida.

Cantamos.

Hasta que la tierra escuche la Palabra firme y sepa que lo único auténtico es el amor de Dios.

Cantamos a nuestro Dios eterno.

Hoy

Cantamos.

COLABORADORAS

KRISTIE ANYABWILE es maestra de estudios bíblicos en la iglesia Anacostia River, en Washington, DC. Es subdirectora de los talleres para mujeres en Charles Simeon Trust.

ELICIA A. HORTON es directora del ministerio de mujeres en la iglesia Reach Fellowship, en Long Beach, CA, y también es autora, oradora y escritora.

QUINA ARAGON es maestra de estudios bíblicos en Living Faith Bible Fellowship, en Tampa, FL, y es autora y artista de la palabra hablada.

JAMIKA MUNN es miembro de Risen Christ Fellowship, en Filadelfia, PA.

La DRA. JEANY K. JUN es directora de grupos de discipulado en la iglesia presbiteriana New Life en Orange County, Fullerton, CA, y miembro del cuerpo docente de la facultad de farmacia, en la escuela de posgrado Keck Graduate Institute.

PATRICIA NAMNÚN es parte del liderazgo del ministerio de mujeres en la Iglesia Bautista Internacional en Santo Domingo, República Dominicana. Es la coordinadora de la iniciativa para mujeres de Coalición por el Evangelio (el ministerio en español de The Gospel Coalition).

TRILLIA NEWBELL es la directora del ministerio a la comunidad en la Comisión de Ética y Libertad Religiosa de la Convención Bautista del Sur, y es autora y oradora.

JANETTE...IKZ WATSON es artista de la palabra hablada y poetisa en Atlanta, GA.

AYANNA THOMAS MATHIS es maestra bíblica, escritora y fundadora y anfitriona de The Biblically Sound Woman. Vive en Atlanta, GA.

JAMIE R. LOVE es directora del ministerio para mujeres de la iglesia New Life Fellowship en Waukegan, IL, instructora en Bible Study Fellowship de la Liga Ivy y autora.

La DRA. CHRISTINA BARLAND EDMONDSON es decana de Desarrollo Intercultural Estudiantil en el Calvin College, en Grand Rapids, MI. Es oradora, consultora y copresentadora del *podcast* Truth's Table.

ELODIE QUETANT es miembro de la iglesia Miami Bible Church, en Miami, FL, y editora en jefe en The Witness: A Black Christian Collective.

BEVERLY CHAO BERRUS es miembro de la Primera Iglesia Bautista de Hacienda Heights, CA, y es escritora y oradora.

MILTINNIE YIH es miembro de la iglesia Church of the Highland, en San Bruno, CA, y es maestra bíblica, oradora y escritora en Layman's Foundation, Inc.

NATASHA SISTRUNK ROBINSON vive en Madison, AL, y es maestra de estudio bíblico, autora, oradora e instructora ejecutiva en liderazgo, especializada en mentoría y justicia racial.

DENNAE PIERRE es miembro de la iglesia Roosevelt Community, en Phoenix, AZ. Está al frente de Surge Network, un movimiento de iglesias locales en Phoenix, Estados Unidos, y sirve en el Equipo de Liderazgo de Norteamérica para Redeemer City to City.

SHARDAVIA WALKER es miembro de la iglesia Blueprint, en Atlanta, GA, y escritora sénior en la Junta de Misiones Norteamericanas.

JASMINE HOLMES es miembro de la iglesia presbiteriana Redeemer, en Jackson, MS, y es autora.

PORTIA COLLINS vive en Greenwood, MS, y es oradora, escritora y fundadora del ministerio de mujeres She Shall Be Called.

La DRA. ELISSA YUKIKO WEICHBRODT es miembro de New City Fellowship, en Chattanooga, TN, y profesora adjunta de arte e historia del arte en el Covenant College, en Lookout Mountain, GA.

JADINE JOHNSON es miembro de la iglesia Anacostia River, en Washington, DC, y abogada civilista.

KA RICHARDS es maestra de estudios bíblicos en la iglesia bautista Springs of Grace, en Shreveport, LA.

DANIELLE ANDERSON vive en Atlanta, GA, y es maestra bíblica, oradora y escritora.

La DRA. K. A. ELLIS es miembro de New City Fellowship en Chattanooga, TN, y directora del Centro de Estudio de la Biblia y el Origen Étnico en el Seminario Teológico Reformado de Atlanta, GA.

BLAIR LINNE es directora del ministerio de mujeres en Risen Christ Fellowship en Filadelfia, PA, y también es oradora y artista de la palabra hablada.

KORI PORTER es becaria de ministerio en la Universidad de Princeton, en Nueva Jersey.

JACKIE HILL PERRY es miembro de la iglesia Cornerstone, en Atlanta, GA, y es autora y oradora.

RECONOCIMIENTOS

Nos quedaríamos cortas si dijéramos que este proyecto fue un trabajo de equipo. En primer lugar, quiero agradecer al equipo que es mi familia. A Thabiti, mi compañero en la vida, mi mejor amigo y mi mayor apoyo: gracias por... bueno, ¡por todo! Por soñar conmigo, orar conmigo y por mí y por compartir mi entusiasmo en los logros grandes y pequeños que rodean a esta tarea. A mi hijo, Titus, que tiene las mejores ideas para el mercadeo y el diseño, y que ha participado de más reuniones de planeamiento que la mayoría de los preadolescentes jamás quisiera. A mis hijas, Afiya y Eden, las que más me inspiraron a escribir este libro. Mi oración es que escuchar las voces de estas mujeres que exponen la Palabra de Dios inflame tu corazón para deleitarse en los mandamientos de Dios siempre. Estoy sumamente agradecida a cada una de ustedes por su sacrificio gozoso de darle a esta esposa y mamá el tiempo y el espacio para escribir.

En segundo lugar, debo agradecer a The Good Book Company. Gracias por entender la importancia de esta obra y por su sensibilidad y entusiasmo por destacar los dones y las experiencias de estas colaboradoras, a medida que iluminan la Palabra de Dios. A Carl Laferton, mi editor, que ha sido tan paciente y bondadoso a medida que trabajábamos con cada capítulo, por no dedicar solamente sus habilidades sino también su corazón a este proyecto. A Peter Anderson y André Parker, por permitir todas mis ideas «grandes» y «geniales» y aun así arreglárselas para llevar una obra hermosa a las manos de muchas mujeres que esperamos se beneficien de ella.

A continuación, quisiera agradecer a mi querida amiga Anne Davis. ¿Quién hubiera adivinado que una amistad forjada hace años mientras esperábamos afuera de la clase de ballet de nuestras hijas nos llevara hasta aquí, a que el Señor me bendijera al tenerte como mi instructora de escritura, mi compañera de rendición de cuentas y de caminatas? Tus empujoncitos suaves y perspectivas útiles, y tu oído siempre atento a todas mis divagaciones, transformaron un manojo de ideas enredadas en un hermoso tapiz.

A mis amigas, mis mamacitas, Joani y Mandy: han escuchado y visto todo, ¡y me siguen queriendo! Espero que nunca pongan un límite de almacenamiento o de tiempo en Marco Polo, o estaremos en problemas. Muchas gracias por escucharme, por orar y preocuparse por mí.

A mi grupo de estudio bíblico de los lunes por la noche. ¡Son los mejores! Han sido una fuente constante de apoyo, y sus oraciones han sido invalorables. Su entusiasmo y su hambre de la Palabra de Dios me impulsa hacia delante.

A Brad Byrd, a quien no puedo agradecer lo suficiente por creer en este proyecto, por ponerlo en marcha y compartir su visión conmigo.

A cada colaboradora que dio de su tiempo, sus oraciones y sus palabras a esta obra. Es un privilegio aprender de ustedes y crecer a su lado, y ver las muchas maneras más allá de este libro en que el Señor les está permitiendo usar sus dones. Oro para que cada persona que lea su capítulo pueda conocerlas un poquito más, pero de manera más importante aún, que puedan conocer y amar a Cristo más profundamente.

A las mujeres de color en todas partes, las valoro. Las veo. Las escucho. Este libro es para ustedes.

Principalmente, doy gracias al Señor por Su Palabra preciosa y eterna. Que Su Palabra sea luz y vida para todos los que lean este libro. En cuanto a mí, me hago eco de las palabras del salmista: «Por el camino de tus mandamientos correré, cuando ensanches mi corazón» (Sal. 119:32, RVR1960).